Charles

Quatre jours à l'île de Sein

Récit

Le code de la propriété intellectuelle du 1er juillet 1992 interdit en effet expressément la photocopie à usage collectif sans autorisation des ayants droit. Or, cette pratique s'est généralisée dans les établissements d'enseignement supérieur, provoquant une baisse brutale des achats de livres et de revues, au point que la possibilité même pour les auteurs de créer des œuvres nouvelles et de les faire éditer correctement est aujourd'hui menacée. En application de la loi du 11 mars 1957, il est interdit de reproduire intégralement ou partiellement le présent ouvrage, sur quelque support que ce soit, sans autorisation de l'Éditeur ou du Centre Français d'Exploitation du Droit de Copie, 20, rue Grands Augustins, 75006 Paris.

ISBN : 978-3-96787-298-9

10 9 8 7 6 5 4 3 2 1

Charles Le Goffic

Quatre jours à l'île de Sein

Récit

Table de Matières

Audierne lundi soir, 22 décembre.   7

Ile-de-Sein, samedi soir, 2 heures.   15

Audierne, mercredi.   50

Notes   52

Audierne lundi soir, 22 décembre.

Qu'il mérite bien son lugubre nom celtique de *kerzu* – « le très sombre » – ce mois de décembre qui n'a été sur la côte bretonne qu'une succession de sinistres : soixante bateaux perdus corps et biens au Guilvinec ; Penmarch coupé de la terre ferme ; la jetée de la Croix, à Concarneau, rasée sur une longueur de trente mètres ; l'île Tudy à moitié engloutie sous les lames ; Morgat, Saint-Nic-Pentrez, le Conquet, violemment éprouvés ; la mer, de Saint-Malo à Nantes, noire d'épaves !... Et tout cela n'est qu'un jeu, dit-on, au regard de ce qui s'est passé à Sein. L'après-midi du 4, un raz de marée aurait couvert l'île, noyé les terres, éteint le phare, démoli vingt-deux maisons. L'île, menacée de mourir de faim, est restée seize jours sans communication avec le continent. Les journaux sont pleins de détails sur ce sinistre qui excède en horreur tous les autres…

Audierne est le point du continent d'où l'on peut le plus aisément gagner Sein. Deux fois par semaine, – sur le papier, – un bateau-poste fait le service d'Audierne à l'île et de l'île à Audierne. Renseignements pris, la poste appareille mardi prochain à la première heure. Je n'ai que le temps de boucler ma valise : il faut un jour plein pour se rendre de Paris à Audierne. Parti le dimanche dans la nuit, j'arrive à 7 heures du soir le lendemain à Douarnenez. Là changement de ligne : on prend le « tortillard » qui souffle, fume, ahane, jusqu'à Pont-Croix. Puis la voie longe la rive droite du Goayen en direction d'Audierne. C'est jusant ; la nuit est sans lune, mais étoilée, et la rivière élargie luit d'une clarté mystérieuse entre ses berges d'ombre. Nous doublons des barques qui descendent au fil de l'eau. Toutes noires sur l'argent du fleuve, silencieuses et lentes, elles ont l'air de ces barques funèbres dont parle Procope et qui, sur ces mêmes rivages, il y a treize cents ans, faisaient de nuit la traversée du continent aux îles pour y déposer leur cargaison d'âmes. Le train siffle au disque ; sa grosse sirène huhule plaintivement dans la vallée ; des lumières tremblotent : Audierne. Tout le monde descend. Un ami que j'ai prévenu, Yves Gauthier, m'attend à la gare et c'est pour m'annoncer que le bateau-poste, qui devait quitter l'île ce matin, a été retenu par le mauvais temps. On pense qu'il arrivera demain au petit jour et repartira dans la soirée.

Nous suivons les quais, déserts à cette heure. Audierne n'a pas encore de réverbères ; mais la nuit est claire ; les barques de pêche dorment dans le port ; à l'extrémité de la jetée, un phare, toutes les cinq secondes, timbre la mer de son cachet rouge...

Mardi.

Pas de chance !... Le bateau-poste est toujours en relâche ; à son défaut, j'aurais pu prendre un autre bateau de l'île qui est attendu en même temps que lui avec un chargement de langoustes : c'est un sloop ponté de trente tonneaux, le *S. F. M.*, appartenant à un mareyeur nommé Miliner. Mais le bateau de Miliner n'a pas plus bougé que le *Zénith* (c'est le nom du bateau-poste). Il fait calme plat dehors et grosse houle dans le Raz, le pire des temps ici, avec la brume. Si le vent se lève, peut-être les deux bateaux partiront-ils demain, à pointe d'aube, pour être à Audierne vers neuf heures ou dix. Que faire de ma journée ? Gauthier m'a parlé d'un percepteur de la région, M. Le Carguet, auteur d'un « Tableau de l'île et du Raz de Sein », parue dans la *Revue des traditions populaires*. M. Le Carguet me reçoit avec une grâce parfaite. Son « tableau » n'est qu'une esquisse, un crayon : depuis quinze ans qu'il explore en tous sens le cap Sizun et l'île de Sein, il rassemble des matériaux pour la grande fresque à laquelle il songe et qui tentera quelque jour peut-être un éditeur.

Un artiste sympathise d'ordinaire avec ses modèles : il est remarquable que M. Le Carguet n'éprouve aucune tendresse pour les siens. On a fort exagéré, selon lui, la misère des Iliens[1], qui n'est qu'une légende soigneusement entretenue par les intéressés. Elle leur vaut des secours de toutes sortes, en nature et en argent, des pouvoirs publics et des particuliers.

– L'Ilien, me dit-il, est passé maître dans cette guitare. Quémandeur par habitude plus que par besoin, il joue de sa misère près des étrangers à qui ses manières doucereuses, sa prudence de langage et sa souplesse de physionomie donnent presque toujours le change. C'est ainsi que la majorité des écrivains, de Cambry à M. Ardouin-Dumazet, se sont plu à faire des Iliens des êtres de dévouement et de sacrifice, des « héros qui s'ignorent ». Ces prétendus héros sont tout bonnement d'acharnés pilleurs d'épaves, et sur ce point, d'ailleurs, les riverains d'Audierne, du Cap et de Penmarch n'ont

Audierne lundi soir, 22 décembre.

rien à leur envier. Les uns et les autres vont toujours au bris, au *pacé*, comme ils disent ici. C'est leur plus sûre ressource. Encore avaient-ils une excuse jadis : en hiver, parfois, après une série de tempêtes, les vivres manquaient. Comme on soupirait alors après un naufrage ! Elle est encore légendaire, la galiote hollandaise qui vint, s'échouant sur l'île affamée, l'approvisionner de fromages ! Mais les Iliens n'attendaient pas toujours que l'épave fût sur leurs rochers. Souvent, par nuit sombre, un bateau, équipage doublé, quittait furtivement le port. Il jetait deux hommes à la pointe sud de l'île Kerlaourou. Ceux-ci passaient la nuit à crier : « Holà ! Hoû ! Hoû ! Ah ! » Les habitants, effrayés, prenaient ces cris pour les plaintes des noyés ; ils se barricadaient dans leurs maisons et ne bougeaient plus. Pendant ce temps, la barque, se guidant sur les bruits différents que rendent les roches frappées par la lame, forçait des avirons et gagnait le Raz. Malheur au navire, lourdement chargé, qu'elle rencontrait sur sa route ! Avant le jour la barque, après avoir repris ses deux hommes, rentrait à l'île aussi mystérieusement qu'elle en était sortie…

« Et sans doute, continue mon interlocuteur, ces détestables pratiques ont disparu peu à peu, à mesure que les routes s'éclairaient et que croissait la surveillance. Il n'y a plus de naufrageurs à Sein. Ces honnêtes gens se contentent de profiter du naufrage sans le provoquer. Par exemple, ils en profitent grands et petits, les grands prêchant d'exemple en faisant main basse, pour commencer, sur les chronomètres, les sextants, les montres, l'argent du bord… Dans l'espace de sept ans, ils ont pillé à ma connaissance une douzaine de navires : la *Joséphine-Henriette*, l'*Alcedo*, la *Gironde*, l'*Alexis-Caroline*, la *Guyenne*, le *Jeune-Eugène*, la *Mercédès*, la *Catarina*… En peut-il être autrement ? Il n'y a ni gendarmes ni douaniers dans l'île ; rien qu'un syndic. En 1893 pourtant, au mois de juillet, lors du naufrage de la *Guyenne*, qui s'était perdue sur la chaussée d'Armen, le pillage fut si scandaleux que le syndic intervint. Les plus riches Iliens étaient compromis. Il perquisitionna chez eux, dressa une vingtaine de procès-verbaux. Traduits en correctionnelle, ils se présentèrent devant le tribunal de Brest la poitrine cuirassée de médailles, de chapelets, de sacrés-cœurs, de scapulaires. Mais la perquisition avait eu lieu trop tôt et le syndic n'avait pas laissé passer le temps légal pour la déclaration : on dut les acquitter.

« Quelques mois plus tard, le 16 novembre, l'*Alexis-Caroline* s'échouait sur l'île. Le bateau avait des avaries graves, mais on pouvait le renflouer. Les Iliens s'y opposèrent. Du moment que le navire avait « touché », le navire était à eux. Une partie de la cargaison fut pillée ; le plus acharné au pillage était un ancien maire surnommé *Choléra* et riche à plusieurs milliers de livres de rente. Heureusement le capitaine se montra homme de résolution. À l'aide d'une forte marée et en élongeant des ancres, il renfloua son navire, qui put gagner Audierne. Non sans peine d'ailleurs, et des Iliens parlaient déjà de lui « faire son affaire ». Cette année encore, le 7 février, quand la *Catarina* vint donner sur le Gazec, le consul de Norwège, qui avait pris de Brest la direction du sauvetage, dut s'adresser à la marine pour suspendre le pillage en règle du steamer. Rien n'y fit. Le renflouement ne put s'opérer et on abandonna ce qui restait de la cargaison… Je vous en conterais jusqu'à demain, de ces histoires de *pacé*. La *Joséphine-Henriette*, chargée de campêche, fait côte, la nuit de Noël, pendant la grand'messe, entre le Chat et Kerlaourou : l'équipage avait trempé un prélart dans du pétrole et l'agitait sur le pont comme une torche, pour appeler. En une seconde l'église fut vide, toutes les barques à la voile et, sans doute, l'équipage fut sauvé, mais le lendemain il n'y avait plus une bûche de campêche dans la cale. Un des membres de l'ancienne municipalité, qui ne fut pas le moins empressé à la besogne, en a gardé le surnom de *Bois-des-Iles*, donné par la chanson. Car chaque *pacé*, à Sein, prête à une chanson, généralement satirique, revanche du populaire contre les puissants qui prennent la plus grosse part du gâteau et ne lui laissent que les miettes. Ces chansons d'épaves, très nombreuses à cause de la fréquence des naufrages, feraient une branche inattendue et tout à fait curieuse du folklore maritime. Mais elles abondent en personnalités qui les rendent malaisément publiables… »

Je remercie M. Le Carguet de ses renseignements. Midi a sonné depuis belle lurette, et mes hôtes doivent s'impatienter. Le déjeuner expédié, qui est en Bretagne la grande affaire de la journée, j'occupe tant bien que mal les heures qui me restent en flâneries sur le quai, dans les petites rues capricantes de la ville haute, le long de l'ancien chemin de halage où passe maintenant le train de Douarnenez à Audierne. Des hérons pêchent sur une

Audierne lundi soir, 22 décembre.

patte, le cou seul en mouvement, tout le reste du corps immobile, à la pointe des bancs de vase que découvre le jusant. Le passage du train, non plus que le cri rauque de la sirène sifflant au disque, ne les dérange. Un moulin, sur la hauteur, attend le vent. Il fait doux comme en été. Aucune des barques n'est sortie ; les filets sèchent entre les mâts ou sur des cordes, à quai, et leurs mailles brunes sont toutes pailletées d'écailles d'argent rose. L'église est à mi-côte, étroite et basse, et on ne l'aperçoit que quand on a le nez contre : elle n'offrirait guère d'intérêt sans les caravelles qui sont sculptées sur la façade et dont l'une, démâtée, chargée de têtes qui s'alignent au ras du bordage, fait songer à une boutique de « jeu de massacre ». C'est vigile de Noël demain, mais il n'y aura pas de messe de minuit à Audierne non plus que dans quelques autres villages du Cap où l'on a supprimé cette cérémonie depuis une quinzaine d'années : la foi, ici, est restée toute barbare et primitive ; les hommes (surtout ceux de Poulgoazec) buvaient, fumaient, ripaillaient à l'église, et ces enfances ne sont plus comprises du clergé.

Mercredi.

Au saut du lit, je cours sur le quai. Le vent s'est levé, mais de mauvais poil… Le moulin a pris des ris : fâcheux augure, me dit le capitaine du port. Neuf heures, dix heures, onze heures, aucun bateau de l'île n'est signalé. La marée commence à « déchâler » ; la barre s'annonce terrible à l'entrée. Des goélands tournent dans le vent. Midi. Je ne partirai pas encore ce matin ni ce soir. Partirai-je seulement demain ? Le commissaire de l'Inscription maritime, que je vais voir, n'est pas plus catégorique là-dessus que le capitaine du port. « On ne sait jamais exactement quand on partira pour Sein ni quand on en reviendra. » Et il ajoute entre les dents, avec un petit rire :

– On ne sait même jamais si on y arrivera.

Sur le raz de marée du 4, le commissaire me confirme fort aimablement ce que m'avait déjà dit M. Le Carguet : les dégâts n'ont pas l'étendue qu'on leur prêtait. Deux chaloupes gréées en sloop et six canots ont disparu, soit une perte de 1.500 à 1.600 francs. Aucune maison n'a été détruite. Ce sont les digues qui ont le plus souffert : il paraît qu'elles ont été forcées en deux ou trois points par où la mer est entrée dans les champs. Mais c'est l'hiver : il n'y avait rien dans ces champs qu'un peu de goémon et des choux. Les Iliens n'apportent aucune mesure dans leurs réclamations ; à les croire ce sont les plus malheureux des hommes. Il en faut rabattre.

Justement, comme je rentre chez mon hôte, on me remet une sorte de *memorandum* qu'a bien voulu rédiger à mon intention M. Le Carguet. Cela s'ouvre sur ces mots :

« M. L. G. sera le bienvenu à l'île de Sein. Voici pourquoi : arrivant après le désastre, c'est pour apporter une bénédiction de secours, de subventions. Tout ce qui vient de la mer est envoyé par le ciel qui a exaucé les prières, les vœux des Iliens. Mais qu'il se méfie de faire pressentir le caractère de son étude ! On lui contera là-dessus plus qu'il n'en pourra écrire, si ses pensées, la direction de ses recherches sont devinées. Il n'y a pas comme l'Ilien et le Capiste pour s'identifier à l'esprit de leur interlocuteur. Au point de vue poétique, rien de plus attrayant, de plus touchant, de plus vraisemblable. L'Ilien surtout sent au suprême degré. L'émotion qu'il éprouve, il vous la transmettra. Mais qu'il faut l'analyser ! Aujourd'hui sont but est d'apitoyer, et tout en lui, âme et corps, tendra vers ce but. Pour l'étranger qui débarque à Sein, en curieux, la réception sera la même, toute cordiale, toute affable : « Oh ! que les Iliens, dira-t-il, ne sont plus les barbares pilleurs d'autrefois ! » Encore à vérifier. L'étranger qui prend terre sur l'île est une épave envoyée par Dieu, appartenant à tous. Chacun cherchera à en tirer, pour soi, le plus gros morceau. On n'en voudra pas à sa vie. Mais son porte-monnaie subira de rudes attaques et, si le voyageur se sauve, ce ne sera qu'en l'emportant éventré… »

Que tout cela est donc engageant !

Jeudi.

Le *Zénith* et le *S. F. M.* sont arrivés à quelques minutes de distance : c'est la première nouvelle qui m'attend sur le quai. Enfin !… Au bateau-poste, où je cours d'abord, le patron Ménou est en train de revêtir la blouse bleue, à collet rouge, des facteurs de l'Etat.

– Partez-vous aujourd'hui ?

Ménou lève la tête, hume le vent : non, la brise est bonne pour venir de Sein, mais pas pour y retourner. Et puis, comme il y a près d'une quinzaine qu'il n'a pris terre, sa liste de commissions est trop

Audierne lundi soir, 22 décembre.

chargée pour qu'il songe à repartir dans la journée.

– Alors c'est pour demain ?

– C'est fête chômée demain, me répond Ménou, on ne navigue pas.

– Après-demain ?

– Oui, peut-être… s'il fait beau.

Je me tiens à quatre pour ne pas lui hurler des injures… J'aurai peut-être plus de chances avec Miliner, mais, là, j'arrive trop tard : Miliner s'en est allé à Pont-Croix retrouver son père, Jean Pascal, *Yann Pasq*, dit-on ici, maire de l'île depuis huit jours. Tous les deux doivent revenir à Audierne par le train de onze heures vingt, et le mousse qui me donne ces renseignements pense que le *S. F. M.* partira dans la soirée, pour que l'équipage puisse assister à la messe de minuit. Simple supposition d'ailleurs. Heureusement, j'ai l'adresse de Miliner à Pont-Croix : je télégraphie à « Monsieur le Maire » pour lui demander s'il compte regagner Sein aujourd'hui. En réponse à mon télégramme, je reçois ces cinq mots passablement ambigus : « *Communiqueraidécisiontrainonzeheures*. Signé : *Miliner*. » Je n'en sortirai pas !…

Naturellement, je suis exact au rendez-vous. Les deux Miliner sautent du train et, tout d'abord, le cadet m'annonce que le *S. F. M.* ne pourra reprendre la mer dans la soirée : la cale est pleine de langoustes qu'il faut expédier sur Paris. Mais Yann Pasq tient à rallier l'île avant la nuit. Il me propose d'adresser un télégramme à l'un de ses gendres qui viendra nous chercher à la pointe du Raz. Je paierai le télégramme et aussi la voiture jusqu'à la pointe.

Marché conclu. Il y a quatre lieues d'Audierne à la pointe du Raz. La route suit la ligne de faîte des collines ; la pluie qui tombe n'a pas abattu le vent ; mer passe du vert plombé au gris sale. On ne cesse de l'apercevoir sur notre gauche et, par moment, des cassures dans la falaise l'introduise presque sous nos pieds. Mon compagnon de voyage est déjà beaucoup moins affirmatif sur l'issue de notre tentative. La dernière tempête a démoli les petites cales d'abordage qui permettaient d'atterrir aux deux côtés de la pointe : si son gendre a pu prendre la mer, il faudra que nous embarquions à la baie des Trépassés en nous aidant des crampons de fer fixés dans la falaise, qui a soixante mètres de haut en cet endroit et plonge à pic dans la lame. Le vent augmente. Plogoff traversé, nous entrons dans la désolation. Plus rien autour de nous que des pierres et de la tourbe. Notre carriole stoppe devant l'ancien phare qu'on est en train de transformer en sémaphore. Par les temps calmes, de là, on aperçoit Sein. On ne voit rien aujourd'hui : pas une barque n'est sortie de l'île. Nous attendons une heure, deux heures, les pieds dans la boue, fouettés d'une pluie aigre que le vent d'ouest rabat par bouffées. Décidément il faut quitter tout espoir et retourner à Audierne…

Yann Pasq m'explique les choses avec sa sérénité habituelle. C'est un homme de soixante ans, une sorte de grand coq maigre crêté d'argent et haut perché sur pattes, avec une tête énergique, un œil guetteur, des lèvres rentrées. Il s'exprime lentement, non sans grâce et une façon de poésie languissante qui me toucherait davantage, si on ne me l'avait donné pour le type même de l'Ilien : « Mes *pauvres* compatriotes… Notre *pauvre* île… Quelle vie que la nôtre !… » La peinture qu'il me fait de cette vie toucherait les cœurs les plus durs : il n'est pas d'hommes plus dévoués et plus désintéressés que les Iliens. Lui-même n'a en vue que le bonheur d'autrui, l'amélioration du sort général. C'est pour cela seulement qu'il s'est laissé porter à la mairie. Il y a bien quelques mauvaises têtes dans l'île qui lui en veulent et qui ont écrit au préfet pour protester contre son élection. Mais est-ce d'aujourd'hui seulement que les bienfaits sont payés d'ingratitude ?…

La vérité, que je sais déjà, est que Yann Pasq a tout fait pour être maire, qu'élu deux fois, deux fois son élection a été cassée pour fraudes et que les mêmes manœuvres se sont reproduites au dernier scrutin. Je le sais riche, décidé, habile, peu embarrassé de scrupules. Il ne passe point pour aimer les étrangers, et les Paimpolais se rappellent qu'en 1889, maire pour la première fois, il a essayé de leur fermer l'île en défendant aux habitants de les prendre pour locataires. Décidément ce compagnon d'aventure ne me sourit guère, et ses tergiversations, tant de détours, de réticences, sous une parole si onctueuse, ont achevé de m'énerver. Je commence à croire qu'il y a une conjuration pour m'empêcher d'aller à l'île, de voir par mes yeux et de raconter ce que j'ai vu. Je me fais conduire à Plogoff où je passerai vaille que vaille la veillée de Noël, – et Yann Pasq regagnera seul Audierne…

Un cabaret pauvre, des murs nus, un enfant malade et qui geint, le maigre feu de goémons où j'essaie de me réchauffer en attendant la messe, la pluie qui bat les routes au-dehors, une cloche grêle qui tinte par intervalle, des bordées d'hommes ivres qui passent, c'est tout le souvenir que me laissera cette veillée. J'ai soupé d'une tranche de pain et d'un bout de lard froid. Demain je reviendrai pédestrement à Audierne.

Vendredi.

Rien à signaler aujourd'hui. Il fait beau heureusement, mais la route est détrempée par la pluie. Neuf heures sonnent quand je me mets en marche. Je compte faire deux étapes : déjeuner à Primelin et rentrer dans l'après-midi à Audierne. Le Cap, si sombre hier sous le crêpe de l'averse, est presque gai ce matin. Toutes les maisons rient, rejointoyées de chaux vive, coiffées d'ardoises bleues, festonnées de vigne ou de glycine. Qu'on se sent loin du triste Iliou de la misérable Cornouaille des monts ! La vie ici est abondante et facile, ce qui n'empêche pas les Capistes de dresser leurs marmots à courir derrière les voitures en criant : « Un p'tit sou, monsieur, un p'tit sou ! » C'est devenu une industrie et qui accapare tous les enfants valides de trois à dix ans ; ils ont un répertoire de chansons, de vivats, de cris, et mille tours de bâton dont ils obsèdent les voyageurs aux montées. Il passe ici, en été, jusqu'à cinquante voitures par jour. C'est l'hiver ; les touristes sont rares et il n'y a pas un gamin sur la route. Cette plaie de la mendicité bretonne, sans l'excuse d'une pauvreté véritable, m'est du moins épargnée aujourd'hui.

... Mais, tout de même, parviendrai-je à embarquer ?

Ile-de-Sein, samedi soir, 2 heures.

Eh bien, oui, cette fois, il paraît qu'on s'en va. Ménou, le patron du *Zénith*, m'en donne l'assurance ; mais je n'aurai de repos que les amarres lâchées, la voile en place et le timonier à la barre. Il fait du vent, et même gros vent, mais c'est le vent du sud-ouest qui porte vers l'île. Après quelques bordées dans la rivière, quand nous aurons doublé le musoir de la jetée, il n'y aura plus qu'à courir grand largue dans la direction de Sein.

Trois femmes embarquent avec nous : une artisane d'Audierne, coquette, l'œil vif sous son fin bonnet de dentelle, une jeune paysanne du Cap et une vieille Ilienne en *jobeline* noire qui revient de pèlerinage. Un banc les reçoit à l'arrière, le seul où l'on puisse s'asseoir sans trop gêner la manœuvre. Toutes trois se signent au lâcher des amarres, la grande voile est hissée, puis le foc, le petit foc, « le » flèche, et nous courons notre première bordée sur Poulgouazec, un hameau de pêcheurs qui trempe dans le Goayen, en face.

Cette navigation en rivière ne laisse pas elle-même d'avoir ses dangers à cause des tournants et de l'étroitesse du chenal. Des maisons de plaisance, des bois de pins-parasols, de haute bâtisses blanches pareilles à des casernes et qui sont des « fritures » bruissantes de chansons et de cris l'été, aujourd'hui muettes, s'étagent sur notre droite le long de la digue en pierre de taille construite par l'ingénieur Fénoux. Beau travail d'art et parfaitement inefficace. L'estimable ingénieur se flattait que sa digue fixerait le chenal : en fait les bancs de sable de l'entrée se déplacent comme avant et la barre reste aussi forte. On commence à danser sur le *Zénith* ; le teint des femmes tourne à la cire ; elles se penchent sur le plat-bord, compromettent l'équilibre. Le patron finit par les renvoyer dans le poste, et je reste seul sur le pont avec l'équipage.

Brusquement, la jetée franchie, l'horizon se découvre. Nous sommes dans un vaste estuaire nu, sans une île, sans un caillou, et qui rappelle à s'y méprendre l'estuaire de la Seine. C'est la même configuration de côtes : à gauche, des collines violettes qui se fondent vers Penmarch dans une brume grise, d'un gris à peine plus foncé que celui de la mer et du ciel ; à droite de hautes falaises verticales, creusées de grottes profondes. Rien ne pousse sur ces falaises qu'un peu de bruyère mêlée d'un ajonc court et dru, où se blesseraient les troupeaux. L'été, cela fait des tapis d'un rose pâle poudré d'or, qui sont délicieux à l'œil, et l'hiver leur teinte rousse et brûlée demeure belle encore. Les vraies fleurs du paysage, ce sont les clochers de granit qui pointent sur la hauteur ; il s'en lève un tous les cent mètres. Le patron me les nomme au passage : Saint-Tugen, Saint-Yves, Saint-They, Saint-Collodan, Saint-Michel, Esquibien, Goulien, Primelin, Plogoff, enfin la chapelle d'*Itron-Varia-ar-*

Ile-de-Sein, samedi soir, 2 heures.

Veac'h-Mad, Notre-Dame-de-Bon-Voyage, qui, du plateau de Pennearc'h, commande l'entrée du Raz…

Elle est bien connue des Iliens, cette chapelle de Bon-Voyage où, le jour du pardon, ils se rendent processionnellement sur leurs barques, bannières au vent, les flammes pâles de leurs petits cierges étoilant le Raz à l'infini. Effectivement le Raz est devant nous : il fait un grand sillon de l'est à l'ouest, où la mer bout, tourne et court comme dans une cuve chauffée à blanc. « Le Raz se broie », *en hemzraill*, disent les marins. Encore quelques embardées et nous y serons. Mais le patron glisse un ordre au mousse ; l'enfant disparaît, puis remonte sur le pont, remorquant la vieille Ilienne qui s'accroche à la rampe pour ne pas tomber. Elle s'agenouille contre la lisse, face à la chapelle de Bon-Voyage. Le patron crie impérieusement : « Bas les casquettes ! » et la bonne femme, après un signe de croix que répète l'équipage, récite l'*Angélus*, l'*Ave Maria* et le *De Profundis*. Les hommes font les réponses en sourdine et, quand c'est fini, la vieille Ilienne regagne sa couchette au bras du mousse. Ce n'est pas tout à fait la scène classique dont parlent les guides, avec sa prière fameuse :

> Doue va sikourit, evit tremen ar Raz ;
> Rag ma vag zo bihan hag ar mor a zo braz !

« Seigneur, secourez-moi au passage du Raz ; car ma barque est petite et la mer est grande ! »

C'est quelque chose de plus simple et de tout aussi poignant…

Nous sommes maintenant en plein Raz ; nous naviguons, d'après la légende, au-dessus des champs où fut Ys, et les marins bretons, qui ne vont pas chercher leurs explications bien loin, disent que c'est à la présence de cette ville dissoute sous les eaux qu'est dû le trouble de la mer. Peut-être, en nous penchant, verrions-nous passer entre les algues la fantômale chevauchée d'Ahès et de ses cavaliers, les quarante seigneurs aux manteaux de pourpre qui se rendaient chaque matin à la messe de Laoual pour lui rapporter des hosties. Ahès, certains jours, monte encore sur les eaux. Elle annonce la tempête : *Chetu Mari-ar-C'hap*, « voilà Marie du Cap ! » disent les marins en se signant, et ils font demi-tour. Après avoir beaucoup douté, je suis aujourd'hui intimement convaincu de la submersion d'Ys. Je suis beaucoup moins assuré de l'emplacement qu'occupait la ville. En 1828, pourtant, un marin de Plogoff, nommé Pierre Tréanton, qui pêchait dans le Raz le jour du vendredi saint, en ramena une croix « moïse » d'un mètre vingt de hauteur, qui s'était accrochée à sa palangre et qui provenait évidemment d'un calvaire ou d'une église. On montre encore cette croix à Pennéac'h…

Dix heures du matin. Nous coupons en perpendiculaire un vapeur qui vient de l'*ar-mor-glei*, la mer gauche, que le Raz fait communiquer avec la mer droite, *ar-mor-deo*. Il faut bien calculer l'heure des courants pour passer le Raz. Il n'est hélice qui tienne, ni voile, ni avirons, me dit Ménou. Le Raz n'a que deux passages : l'un pour les grands navires, entre la Petite Vieille et Sein. La meilleure heure pour s'y risquer est l'étale. Si c'est flot, en effet, le courant porte au nord sur la Tête-du-Chat : vingt-trois navires ont ainsi fait côte en une seule année sur les Barillets ou le Chat sans compter ceux qui coulèrent à pic et n'ont pas dit leur nom. La seconde passe, pour les caboteurs et les bateaux de pêche, s'ouvre entre la vieille Gorlébella et la pointe du Raz. C'est la plus sûre. Cependant, aux trois dernières heures du jusant, la marée y porte sur les écueils de la Vieille. Par temps calme, le navire est perdu ; la houle du large le prend par le travers et l'envoie talonner sur quelque haut-fond :

Nep ne sent ket ouc'h ar stur,

Ou'h ar garrec a ra sur !

« Si le navire n'obéit pas au gouvernail, au rocher il obéira sûrement. »

On les voit distinctement à présent, cette vieille Gorlébella et sa fille, la Petite Vieille, l'une avec son phare de trente-trois mètres de haut, l'autre avec sa balise à feu décapitée par la dernière tempête. Derrière elles, la pointe du Raz, *ar Staon*, l'étrave de la terre, le *Gobeum promontorium* de Ptolémée, déchire l'eau âprement… Et voici que devant nous, « *Si basse à l'horizon qu'elle semble un radeau* », commence d'émerger l'île… Un radeau à l'ancre, oui bien, ou mieux, dans cette lumière d'hiver, d'un bleu lavé, un gigantesque nymphéa de qui son phare blanc semble la fleur. Nous courons vent arrière sur elle. La mer est plus calme, hors du Raz, et nous retrouvons ici la grande houle rythmique et berceuse du

Ile-de-Sein, samedi soir, 2 heures.

large. Ca ne dure guère d'ailleurs. La mer blanchit encore : cette fois ce sont les brisants. Ils sont là tout autour de Sein, sur dix lieues de circonférence, comme une meute de chiens enragés, bavant et jappant après le naufrage : Guelvan, Nerroth, ar Gazek, Plassou, Vaskern, Guernefan, Trouziart, Neulac'h, Janetta, et le dernier de la bande, le plus féroce, aujourd'hui muselé, une flamme au front, Armen, – « la Pierre », – la première en effet qu'on aperçoit après le grand désert atlantique, quand on vient des Etats-Unis... Il faut une connaissance singulière des lieues pour louvoyer dans ces remous, entre ces gueules sournoises ou large ouvertes. Fions-nous là-dessus au patron Ménou, et d'une façon générale à tous les Iliens. Le Raz est leur domaine, leur parc, leur boulevard. Ils en savent de naissance tous les écueils et, pris par la brume ou la nuit, l'oreille les dirige presque aussi sûrement que l'œil. Chaque brisant a sa rumeur particulière qu'ils reconnaissent de loin et qui les renseigne...

Et, tout de même, c'est une assez forte surprise à qui débarque ici pour la première fois, sous l'impression de ses lectures, de découvrir, au lieu des misérables chaumes bas, sans lumière, qu'il attendait, un double amphithéâtre de maisons blanches aux volets de couleur, face à la rade et d'un étage ou deux sur rez-de-chaussée. Un grand banc de rochers, le Nerroth, vraie barricade naturelle, défend cette rade de l'est à l'ouest. La digue de Kerlaourou l'épaule vers le sud. De beaux quais, des cales, deux ou trois petits débarcadères soigneusement entretenus, achèvent de donner au visiteur une impression de bien-être matériel que ne démentira pas un examen plus attentif des lieux. Les barques sont rentrées. Uniformément gréées en sloops, elles se balancent dans les deux ports naturels creusés derrière le Nerroth et que sépare une légère avancée de roches : le port du sud, réservé pendant l'été aux Paimpolais et qui a pris d'eux son nom (on l'appelait auparavant *ann aod meur*), et le port des Iliens ou port Saint Guénolé.

C'est dans celui-là qu'est le corps-mort où va s'amarrer le *Zénith*. Un canot accoste pour nous conduire à terre. La vieille Ilienne a déjà repris figure, mais les autres passagères ne sont pas encore remises de leur secousse et j'ai peine à reconnaître mes jolies filles d'Audierne dans ces têtes grises et fripées. La plupart des Iliens sont sur le quai, adossés aux maisons ou accoudés aux parapets, suçant leurs pipes, impassibles et silencieux comme des Indiens. Des enfants jouent à la toupie... Je ne connais personne céans et les rapports qu'on m'a faits m'ont mis sur le qui-vive. Trouverai-je seulement où loger ? On compte vingt-sept débits dans l'île et pas un hôtel. Voyez, m'a-t-on dit, chez Kernaléguen ou chez Fouquet. Avant tout, je tiens à prendre l'avis d'un des fonctionnaires de l'île, médecin de la marine, syndic ou instituteur. Le hasard me sert remarquablement : le premier personnage vêtu en « Monsieur » que je rencontre est le docteur Prigent. Mais sa nomination ne remonte qu'à quelques jours : il remplace le docteur Collin, nommé lui-même à Indret. M. Collin est venu chercher son mobilier à l'île ; il y a vécu trois ans et demi. Voilà l'homme qu'il me faut. Le docteur Prigent m'offre de nous présenter. Rendez-vous est pris pour l'après-midi et, entre temps, nous poussons vers le père Fouquet.

L'avenante auberge ! Claire, large, tournée vers la rade en outre. Mais le père Fouquet souffre d'un abcès à la bouche et il ne tient pas à s'embarrasser d'un pensionnaire. Eh bien, voyons chez Kernaléguen. Nous enfilons une venelle d'un mètre de large, une autre qui la coupe à angle droit et dont l'auberge de Kernaléguen fait l'encoignure. *À l'abri de la tempête*, dit l'enseigne. Diable, et du jour aussi ! Kernaléguen est chez lui ; c'est un gros homme à bedaine, qui zézaie, traîne ses chaussons, s'essuie dans sa culotte et vous tend une main grasse de prébendier. Il n'a pas de chambre à me louer : un lit seulement, ou faisant façon, dans une pièce commune. À la grâce de Dieu ! Si la paille est vierge et les draps frais, je n'oserai point me plaindre. Nous passons marché pour la pension et la chambre : six francs par jour, tarif d'ami, qui peut monter pour les inconnus à quinze ou vingt. J'étais prévenu.

Il est midi tapé. Je déjeune sur un bout de table, d'un restant de ragoût et d'un fond de boîte de sardines. Les provisions fraîches qui arrivent d'Audierne par le *Zénith* n'ont pas encore été débarquées, sauf le pain, dont les miches portent des étiquettes imprimées au nom de chaque destinataire et qu'on distribue avant le reste. Mon hôtelier s'en excuse et, familièrement, au café, s'assoit à ma table. Du reste, je mange dans la cuisine, qui sert en même temps de débit et d'épicerie. Kernaléguen m'explique qu'il n'a pas de domestique, que sa femme est revendeuse à Brest où elle habite avec ses autres enfants et que sa fille aînée vient l'aider d'avril à octobre, « pendant le coup de feu des Paimpolais ». Il ne passe guère de voyageurs l'hiver, et je suis le premier « Parisien » qu'on ait vu à l'île depuis septembre. Aussi ma présence l'étonne – et l'intrigue. Je n'ai aucune raison pour faire le mystérieux avec ce brave homme : oui, c'est vrai, j'arrive de Paris, où les dernières nouvelles de la tempête ont ému pas mal de gens. On parle là-bas de vingt-deux maisons détruites, de la famine qui menace, des digues crevées, prélude à la submersion totale et définitive de l'île. Les habitants ont adressé un pressant appel au gouvernement, aux journaux, à M. de Rothschild… Qu'y a-t-il de fondé dans leurs réclamations ?

– Rien, Monsieur, absolument rien.

Je dresse la tête.

– Vous n'êtes pas Ilien, Kernaléguen ?

– Moi, Monsieur, Dieu m'en garde ! Je suis de Douarnenez qui est un pays d'honnêtes gens et je n'ai qu'un désir qui est d'y retourner.

Je me disais aussi…

– Enfin, que reprochez-vous aux Iliens ?

– Mais vous ne les connaissez pas, Monsieur, me répond-il en levant les bras au plafond. Allez les voir sur le quai. Sortis de la mer, ils ne feraient pas œuvre de leur petit doigt. Bons marins, peut-être, mais pour le reste !… Fainéants, menteurs, ivrognes. Et filous, Monsieur ! Les premiers temps ils venaient boire à crédit chez moi : j'attends encore leur argent. Il n'y a pas un navire à la côte qu'ils ne se jettent dessus comme des loups. Ils font des simagrées à l'église que c'en est une pitié. Croiriez-vous qu'il n'y en a pas un qui vote pour le gouvernement ? Tenez, Monsieur, ces Iliens, voulez-vous que je vous dise, tous des *rastaquouères*, sauf votre respect.

– Des *ras*…

– *taquouères*, oui, Monsieur, et je ne m'en dédis pas… Ah ! si c'est vrai, Monsieur, que vous pouvez quelque chose dans le gouvernement, je vais vous l'apprendre, moi, ce qu'il faudrait que vous demandiez pour eux. Pas des subventions ni des secours. Ce pays-ci est une Californie : il y pleut de l'or à bénédiction. Et puis, quand les secours arrivent de la grande terre, le maire et ses adjoints commencent par en fourrer les trois quarts dans leur poche. Un ancien maire n'est plus connu que sous le nom de *Choléra*, parce que les victimes de l'épidémie n'ont jamais vu la couleur de l'argent qu'il leur devait. Ça, c'est pour l'honnêteté. Pour leur moralité… Est-ce qu'une fois que j'étais parti au Cap et que j'avais laissé ma fille à la maison, il n'en est pas venu trois cogner de nuit à la porte en criant : « Rose, v'là ton père qui est arrivé avec la poste ! » Jugez un peu si la pauvre enfant avait ouvert !… Non, Monsieur, ni argent, ni secours en nature : *demandez au gouvernement qu'on leur envoie une brigade de gendarmerie.*

Où la rancune va-t-elle se nicher ? Ce gros geignard de Kernaléguen, capitonné comme un rat d'église, son séjour à l'île, qui dure depuis trente ans, ne paraît pas l'avoir trop éprouvé. Il a fait sa pelote ; il n'attend qu'une bonne occasion pour céder son débit et aller vivre de ses rentes près des siens. Les Iliens n'ont pas dû se montrer si arabes à son égard. Je lui en fais doucement l'observation.

– Mais, Monsieur, me dit-il, ce ne sont pas les Iliens qui me donnent à gagner. Faites vous miel : ils vous mangeraient comme mouches. Ce sont les Paimpolais qui campent ici, pendant six mois de l'année, avec leurs familles. Les Iliens ! Essayez voir de leur envoyer l'huissier, quand ils vous doivent quelque chose. Il y en a un d'Audierne qui s'y était risqué : ils l'ont gardé trois semaines sous clef ; pas un bateau ne voulait le ramener à terre. On a dû le rapatrier par torpilleur… Tous des *rastaquouères*, je vous dis !…

Rastaquouères, rastaquouères, nous allons bien voir, à la fin.

Samedi, minuit.

Le vent est tombé, quand je sors de chez Kernaléguen. Il fait doux, brumeux, un temps argenté qui s'harmonise délicieusement avec cette terre grise, ces rochers gris, sans une verdure, sans une fleur. Les bateaux ont repris la mer. Le bourg semble vide. Il est disposé d'une manière curieuse et peut-être unique, du moins en Bretagne, où les constructions aiment leurs libres coudées, mettent volontiers entre elles de grands espaces. Toutes les maisons, à l'exception de l'école, se serrent autour de l'église. Cela fait un groupe compact, d'un seul bloc, où l'on chercherait vainement une apparence de rue ou de place. Il n'existe que des venelles dont la plus importante, la *calle mayor*, mesure exactement un mètre vingt de large[2].

Ile-de-Sein, samedi soir, 2 heures.

On m'a donné plusieurs raisons de cette disposition singulière : le bourg, ainsi tassé sur lui-même, offre plus de résistance ; d'autre part, la terre arable est si mesurée, tenue à si haut prix, qu'on se fait scrupule d'en rien distraire[3]. Le morcellement de la propriété, qui confine ici à sa négation, serait un dernier obstacle à l'extension du bourg. De fait, le sol apparaît quadrillé comme un manteau d'arlequin : des muretins en pierres sèches cloisonnent tous les champs, et la plupart de ces champs n'ont que trois et quatre mètres carrés de superficie. Avec une telle division de la terre, il faut revenir aux procédés primitifs de culture, à la bêche et à la faucille. Beaucoup de ces murs ont été renversés par la tempête. Du côté de Kerlaourou et du Len, le désastre est patent. La terre n'est plus qu'un grand champ de carnage, où les galets ont l'air d'ossements desséchés. Des vaches maigres broutent entre ces galets. Quoi ? On ne sait. Il n'y a plus rien. Elles lèchent les rares tiges laissées debout des plants de choux. Elles mâchent de vagues goémons : le lait ici est tout naturellement iodé…

Ce coup d'œil général sur l'île est bien insuffisant, et, à vrai dire, ne m'apprend rien ou presque. Heureusement j'ai dans M. Collin, dont la complaisance ne m'avait point été surfaite par son remplaçant, le meilleur et le plus renseigné des guides. Nous avons repris l'enquête à deux, vu le syndic, interrogé des gens. Demain je retournerai sur les lieux et me ferai enfin une opinion sur cette tempête si diversement appréciée, qui n'a point été la catastrophe qu'on a dite, mais qui ne fut point si bénigne non plus qu'on l'a raconté ensuite.

Dimanche.

La tempête n'a cédé que le 20. Elle avait commencé le 3 au soir et se déployait dans toute sa violence le lendemain, 4 décembre, jour de la Sainte-Barbe, entre deux et trois heures de l'après-midi. Le vent était ouest-sud-ouest, la marée de 98. Pauline Ménou, qui tient l'auberge sur le port Saint-Guénolé, sortit le matin pour assujettir ses volets. Un écran de brume jaune fermait l'horizon ; la mer était couleur de plâtre. Dans la nuit, il y avait eu du tonnerre et des éclairs. À ce moment, Mathieu Porsmoguer, premier adjoint faisant fonction de maire, passait devant l'auberge. Il dit à Pauline Ménou : « Le baromètre est comme fou. Il descend, descend…

Je ne sais pas si nous serons en vie ce soir. » Effectivement, le baromètre, de chute en chute, tomba, pour s'y arrêter, à 715. « J'ai vingt-cinq ans de service, me disait le syndic, j'ai vu des cyclones et des typhons. Le baromètre descendait à 722, même à 720, jamais plus bas. » Tout ce jour du 4, la marée ne « déchala » pas ; il y eut à peine de jusant. Grave symptôme qui inquiétait les plus fermes : que serait le flot, grossi de toute cette réserve, porté, appuyé sur elle ? Ce qui mettait le comble à l'inquiétude, c'était que deux fois de suite déjà, en 1865 et en 1879, le raz de marée était survenu un 5 décembre. Ce retour d'un lugubre anniversaire frappait des esprits naturellement superstitieux. En 1865, circonstance terrible, le raz eut lieu de nuit ; en 1879, par tempête de neige et de grêle. Cette fois, heureusement, il faisait jour ; le temps était gris, mais on voyait à cent mètres devant soi. En prévision d'un sinistre, les chaînes avaient été doublées sur les bateaux ; toutes les ancres mouillées.

Les trois sloops pontés de l'île, le *Zénith*, le *S. F. M.* et le *J. M. J.*, étaient sortis de la veille. Peu ou point lestés, ballottant comme des œufs vides, ils auraient immédiatement rompu leurs amarres, seraient partis en dérive. À dix heures, le flux s'ébranla et, tout de suite, la mer devint énorme. Un mur de houle cernait l'île. On ne voyait que de l'écume giclant, fusant à des hauteurs prodigieuses et qui s'abattait comme une neige autour de l'île. « Nous étions là-dedans comme au fond d'une cuvette », expliquait le docteur Prigent. L'île, en effet, par temps calme, dans sa partie culminante, le tertre de l'Ifran, n'est qu'à trois mètres cinquante au-dessus du niveau des hautes mers. Le point le plus exposé, immédiatement menacé, était Beg-ar-Ralé : il n'y a céans que des pâtis et du sable ; très peu de rochers ; une digue trop faible et trop basse. Elle céda brusquement au centre, et, par cette brèche sans cesse élargie, la mer se jeta sur l'île. Elle couvrit les champs, renversa les clôtures, combla le Len (sorte de marécage en contrebas du bourg) et, du Len débordant vers le village, creva sur les maisons du Poul. Les habitants s'étaient enfuis. Ce Poul est le quartier pauvre du village. Les maisons, pour la plupart, n'ont pas de crépi intérieur ; de dallage non plus ; de plafond encore moins. On pouvait craindre que de là, par les canaux naturels des petites rues, la mer du nord, gagnant les maisons du centre et de la rade, ne fît sa jonction avec la mer du sud qui battait le quai. Il eût fallu alors, comme en 1865, se réfugier sur les toits, dans la tour de l'église… L'inquiétude venait d'ailleurs. Toute la population, sur le port, regardait anxieusement vers la digue de Lengana qui ferme la rade au sud : une seule fissure dans cette digue et toute la flotille à l'ancre, la vraie richesse de l'île, était dispersée, chavirée, broyée. La mer, déjà si grosse dans le port, se fût enflée démesurément. La digue résista, quoique faible. Avec vent du nord ou du nord-ouest, un jour d'équinoxe, elle eût cédé. La catastrophe eût été complète…

À la nuit seulement, après cinq mortels quarts d'heure d'étale, on signala une légère dépression dans le flot. Le vent était moins violent ; la houle reculait. On se tourna vers le phare qui, debout, là-bas, à l'extrémité de l'île, en plein tourbillon, luttait désespérément. Il restait maître de la position, mais une moitié de son parapet avait été enlevée, l'isthme qui l'attachait au rivage coupé. Il s'alluma enfin, au soulagement général. Cette flamme si haute sur la mer, si joyeuse, si claire, c'était le salut, la certitude que tout n'était pas dit une fois encore, qu'on rentrait dans l'espoir, dans la vie. Et aux quatre aires du vent, de tous les points de l'horizon, d'autres flammes, d'autres étoiles, répondirent à celle-là. Armen, si terriblement exposé au bout de sa chaussée d'écueils de huit lieues de long, vivait, respirait. Penmarch, Tévennec, le phare de la Chèvre faisaient signe des yeux sur la grande terre. Seule au point le plus rapproché du continent, de l'autre côté du Raz, la vieille Gorlébella restait sombre, refusait d'ouvrir son œil vert. Jusqu'à 6 heures, elle demeura dans ces ténèbres. À ce moment, une clarté jaillit, mais faible, intermittente. Que s'était-il passé ? On ne le sut que plus tard. Une lame avait défoncé deux panneaux de la lanterne, pénétré dans la tour, inondé l'escalier, les chambres, la soute aux vivres, jeté à l'intérieur 17 mètres cubes d'eau. Les gardiens travaillèrent quatre heures à réparer ce désastre. Ils parvinrent, – au prix de quels efforts ! – à remonter dans la lanterne, à s'y tenir contre le vent, les lames qui embarquaient par les panneaux crevés. Avec les matelas de leurs lits, ils bouchèrent les panneaux, soutinrent les matelas par des battants d'armoires, consolidèrent le tout avec des cordes, des crampons, des traverses. Le fanal alors put être rallumé. Mais les secteurs ouest et nord-ouest restaient dans l'ombre. Au même moment un navire arrivait, plein vent arrière, le cap sur la Vieille. Le secteur d'ombre où il passait lui masquait le phare. Nul moyen de l'avertir. Les gardiens n'avaient ni sirène, ni cloche, ni porte-voix, quand, par bonheur, un rayon filtra, renseigna le timonier qui put donner à temps un coup de barre. Fut-il repris par le Raz ? Se sauva-t-il malgré tout ? On n'ose l'espérer. Autre drame foudroyant et sur lequel on ne possède aucune indication, pas un témoignage : la tourelle à feu de la Petite Vieille apparut décapitée au matin. Le conducteur des ponts et chaussées, M. Le Corvézier, racontait que dix-sept jours plus tard, quand il put enfin accoster la tourelle, il releva sur la face ouest l'empreinte, nettement marquée, d'une étrave : sans doute quelque steamer dont la quille était venue heurter là et qui avait dû couler instantanément…

Cette nuit du 4 au 5 se passa dans une grande angoisse. On avait peur que la tempête ne reprît avant le jour. Les tempêtes ont leur rythme, comme les marées. Une aube blafarde se leva enfin sur l'île. Elle éclaira une terre morne, ravagée, que la mer ne lâchait qu'à regret. Tout le Len ne faisait qu'un lac ; les maisons du Poul contenaient encore deux pieds d'eau. Plusieurs de ces maisons étaient lézardées ; les vivres, la paille, le son, perdus ou gâtés. Le hangar des ponts et chaussées s'en allait par morceaux. La digue de Kerlaourou montrait deux brèches de trois à quatre mètres de large. À Beg-ar-Ralé, la digue était rompue complètement sur une longueur de 70 mètres. Deux chaloupes gréées en sloops et six canots avaient disparu avec leur matériel…

On courut au plus pressé. Avant tout, il fallait vider les maisons, puis le Len lui-même. Mathieu Porsmoguer, qui se multiplia en cette circonstance et mérita vraiment de ses compatriotes, fit sonner le tocsin. Hommes, femmes, enfants, il mobilisa toute la population valide. On travailla sans interruption, lui, le premier, dans les galets et le sable, pour ouvrir de grandes tranchées par où faire écouler l'eau. Il y fallut cinq jours d'un travail acharné. La terre, en dessous, ressortit toute blanche, sans une plante, une herbe. À Kerlaourou, au Guéveur, près du phare, même spectacle. La terre s'est si profondément imbibée de sel qu'elle ne pourra rien produire de deux ou trois ans et, d'ailleurs, les goémons d'épave, assemblés en gros tas sur les communaux et destinés à l'engraissage du sol ou à la fabrication de la soude, ont été balayés avec les muretins, remportés par la mer.

Le Len vidé, on respira. Pourtant la mer ne désarmait pas ; elle restait grosse, l'air mauvais. Les bateaux ne pouvaient sortir ; même du rivage aucune pêche n'était possible. Huit jours passèrent sans amener l'accalmie. Brusquement, le neuvième jour, la tempête reprit, moins forte, moins terrible que celle du 4 ; mais l'île, moins gardée, n'offrait plus la même résistance. À ces craintes s'en ajoutait une autre qui commençait à devenir poignante : les vivres allaient manquer. Dans les maisons du Poul, il ne restait rien ; le pain blanc venu d'Audierne et partagé avec les sinistrés, fut mangé le premier, puis le pain de l'île, fait de seigle et de froment et cuit au foyer, sous la cendre de varech. C'est l'ancien mode de cuisson : la farine est pétrie sans sel ; quand la pâte « lève », on la dépose sur une platine chauffée à blanc qu'on recouvre d'un chaudron autour duquel on entasse de la cendre. Il faut de trois à quatre heures pour cuire ainsi le pain ; la croûte en est bonne, dit-on, mais la mie lourde et grumelée. On s'en contenta. Le médecin et le syndic mangèrent de ce pain comme les autres. Mais, à la fin, il manqua aussi. On était au 16 décembre, et toujours sans communication avec le continent. Aucun bateau ne pouvait entrer ni sortir. Le préfet, à qui l'on câbla, avait bien fait ouvrir un crédit de 2.000 francs pour ravitailler l'île : encore fallait-il que l'état de la mer permît le ravitaillement. Ce ne fut que le 20 décembre au matin, dix-septième jour du blocus, que le *Haleur* arriva sur rade. Il apportait de Brest des caisses de biscuits, des conserves et des salaisons qu'on distribua entre toutes les familles, riches et pauvres, de l'île. D'autres provisions venues d'Audierne parèrent à la famine qui menaçait. Encore une fois l'île était sauvée.

Lundi.

Mais quel pays singulier ! Séparés du continent à une époque qu'il est malaisé de fixer, les Iliens se sont construit un habitat social qui ne ressemble à aucun autre.

Ce qui frappe tout de suite ici, c'est, à quelques exceptions près, la forte unité de la race. Les hommes sont grands, nerveux et souples : peu de blonds parmi eux, et de même chez les femmes. C'est chez celles-ci, comme il arrive presque toujours, que les traits originels se sont le mieux conservés. Elles ont une pureté de type presque classique ; à seize ans on dirait des Junons. Toutes portent la cape noire, dite *jubilinen*, le châle noir, la jupe noire que vous leur avez vus dans le célèbre tableau de Renouf : *La Veuve de l'île de Sein*[4]. La seule ligne de blanc est fournie par la chemise qui sort un peu et croise sur la gorge légèrement découverte. Je ne saurais dire l'effet de ce costume si sévère et ainsi généralisé. Un deuil éternel semble vraiment peser sur ces femmes, qui fait leurs bouches amères et leurs yeux graves sous les extraordinaires cils noirs dont ils sont ombragés. Cette noblesse, cette gravité du type tiennent sans doute pour beaucoup aux mariages consanguins, qui sont presque de loi ici. Il n'y a que dix-neuf noms de famille à l'île, et surtout des Hervéis, des Porsmoguer, des Miliner, des Ménou et des Thymeur. Même sang chez tous. Or il est extrêmement rare qu'une fille ou un homme de l'île se marie sur la grande terre : les veufs et les veuves s'y risquent à peu près seuls. Il est assez mal porté, en effet, de se marier en secondes noces : on a l'air de ne pas regretter le mort. Puis, en épousant un veuf, une Ilienne aurait peur d'être en butte à la jalousie de sa devancière, dont les mânes seraient fort capables de l'étrangler.

Ces mariages consanguins, excellents pour le maintien du type, ont bien leur côté fâcheux : le moins qu'ils entraînent est le lymphatisme qui, aidé de l'alcoolisme croissant chez les hommes, menace ce peuple d'une dégénérescence assez prompte. Rien n'égale en charme, cependant, les préliminaires de ces unions entre proches ou alliés. La connaissance se noue généralement au catéchisme. Des promesses s'échangent qui seront observées fidèlement. L'heure venue de partir au service, la mère prend son fils à l'écart :

– Dites-moi, jeune homme, quelle est la jeune fille que vous avez choisie pour que je m'attache à elle.

Dès ce moment elle l'appellera de préférence aux autres jeunes filles pour tous les labeurs où elle a besoin d'aide. Mais cette faveur ne va point sans quelque esprit de renoncement chez l'élue qui ne doit plus assister à aucune fête, assemblées, danses, mariages. Il lui faut être réservée dans ses propos, modeste dans son costume. Au retour du service, son ami fera d'elle sa société habituelle et, lorsque enfin il croira le moment venu de se déclarer, tous deux iront ensemble s'inscrire à la mairie et à l'église. Les parents ne

Ile-de-Sein, samedi soir, 2 heures.

seront officiellement informés qu'ensuite. La noce est simple, et la religion y tient la première place. Point de gala, de banquet monstre comme sur la grande terre[5], mais un repas dans la famille de la jeune fille, pour ses parents et amis, et un autre dans la famille du garçon pour les siens. Les invités fournissent une partie des provisions : plusieurs jours à l'avance, les hommes sont allés « au congre », la grosse anguille de mer à peau noire, dont ils sont très friands, qu'ils salent eux-mêmes et qu'ils couchent sur un lit de pommes de terre ; la tâche des femmes est d'éplucher ces pommes de terre la veille du mariage. Le matin, les fiancés ont communié. Après le repas de noce on danse parfois sur des airs chantés de gavote (l'île n'a pas de ménétrier). Le lendemain, messe et service pour les parents décédés ; les époux communient une seconde fois. Puis ils se rendent sur les tombes de leurs proches et y demeurent longuement en prière.

C'est de ce moment qu'ils entrent dans leur nouvelle vie. Pendant tout un mois cependant, la mariée gardera ses atours de noce et ne travaillera pas. Délicate attention et qu'on est surpris de trouver chez ce peuple où la condition des femmes est restée si dure et voisine du servage ! Les femmes ne tutoient pas leurs maris ni leurs enfants mâles, et le curieux, c'est que le tutoiement ici est général. Est-ce souvenir d'une lointaine communauté d'origine ou la révélation de leur christianisme primitif ? Les femmes s'appellent toutes entre elles *va c'hoar*, ma sœur, et les hommes *va breur*, mon frère. Les hommes ne travaillent jamais à terre qu'à la réparation de leurs filets, de leurs casiers et de leurs barques. Le champ du labeur humain a été réparti ainsi : la mer aux hommes, la terre aux femmes. Ce sont les femmes qui font le ménage, récoltent le goémon, fabriquent la soude, cultivent le sol, coupent le blé, etc. Il n'y a pas de cadastre à Sein, pas de titre de propriété, et cependant les procès y sont inconnus. Tout se passe entre femmes, à l'amiable. Pour le partage des terres, qui a lieu le jour même de l'enterrement, elles se rendent sur place avec un enfant : chaque pièce de terre est divisée en autant de lots qu'il y a d'héritiers. Après quoi, on fait tourner le dos à l'enfant et dans son béret, qu'il tend par derrière, chacune des femmes dépose un caillou. Puis on dit à l'enfant de jeter le caillou sur les lots : le lot où tombe le caillou devient la propriété de la femme qui l'avait mis dans le béret ou de ceux qu'elle représente. Il en a été ainsi de tout temps. Cambry qui visita l'île en 1795 dit que les femmes faisaient les partages avec leurs tabliers et que la plupart des hommes ignoraient la place de leurs propriétés.

Ces mœurs primitives s'expliquent autant chez les Iliens par la fidélité aux anciens usages que par leur éloignement des centres administratifs et l'espèce d'autonomie qu'on leur a toujours laissée : leur organisation, au commencement du XIXe siècle, était celle du clan, de la tribu ; ils continuent de vivre en marge du code. C'est peut-être bien encore la meilleure explication de cette religiosité anachronique dont on ne trouve point d'équivalent, même en Bretagne. Longtemps solitaires, perdus aux confins du vieux monde, sur la mer la plus perfide, sans même ce sentiment de sécurité et de détente qu'éprouvent les autres marins, leur journée faite, en prenant pied sur le continent, mais se regardant vraiment comme sur un pan de terre naufragée, sur un radeau de fortune, ils se sont tournés vers la religion comme vers le seul havre d'allègement qui s'ouvrait à eux. Hommes et femmes entendent la messe tous les matins, communient tous les dimanches. L'église est placée, à la mode bretonne, au milieu du cimetière : nul n'en sort sans avoir fait oraison sur la tombe de ses proches ; le cimetière est le rendez-vous commun. Si fréquenté, si étroit, il n'y pousse pas plus d'herbe que sur une place publique. L'après-midi, on se rend encore à l'église. On y retourne le soir. Tout cela sans préjudice des jubilés, des missions, des cérémonies du carême, du mois de Marie (mai), du mois du Sacré-Cœur (juin), du mois du Rosaire (octobre), des pardons aux diverses chapelles du littoral, des pèlerinages à Sainte-Anne-d'Auray et à Lourdes, des retraites bretonnes, pour hommes et pour femmes, à Quimper, à Quimperlé, à Lesneven.

Le mysticisme de la race, déjà si vif sur la grande terre, s'est exaspéré ici, assombri encore de tout ce que l'existence y a de précaire. Cela se marque, chez l'Ilien, à sa hantise de la mort. L'air est plein d'âmes errantes. Elles se lèvent de la mer, des champs, des grèves, des roches, âmes de noyés criant après la sépulture[6], d'autres venues du continent par le *bag-noz* et pour qui Sein est une sorte d'antichambre funèbre, de conciergerie de la mort[7], d'autres encore, toutes dolentes, âmes parentales et indigènes, nostalgiques de la vie quittée, en quête d'un souvenir ou d'une prière. À certaines heures du soir, après l'*Angélus* sonné, elles assiègent les maisons et il faut avoir soin de ne pas fermer trop brutalement la porte par crainte de les blesser. Cette obsession perpétuelle de l'au-delà se trahit à toutes sortes de signes et spécialement dans une locution qui est ici d'un emploi courant : quand on reçoit un petit service de quelqu'un, quand on sort d'une maison, quand on pousse le verrou avant de se coucher, partout où nous disons *merci* ou *bonsoir*, l'Ilien dit : *Joa d'ann anaoun !* « Joie aux âmes ! » À quoi les autres personnes répondent : « *Amen.* » La solidarité entre proches, très forte en leur vivant, ne se relâche pas après la mort. Ce sont les parents immédiats du défunt (après le mari ou la femme) qui creusent sa fosse ; eux qui le portent et le descendent en terre, – exception faite pour les enfants qui sont portés par leur parrain ou leur marraine. Dès qu'un Ilien meurt, le glas tinte ; le curé quitte l'église avec les enfants de chœur ; la foule les suit jusqu'à la maison du défunt où le prêtre récite le *Placebo*, repris à voix haute par les assistants. Les visites se succèdent pendant toute la journée et la nuit. Le lendemain, mise en châsse, obsèques. À cause de l'étroitesse du cimetière, et faute de concessions perpétuelles, on est obligé d'empiler les morts les uns sur les autres : la pioche qui creuse heurte à chaque instant des chairs, des ossements. On les rassemble et on les dépose dans un coussin sur le cercueil du nouvel inhumé. La fosse refermée est aussitôt recouverte d'une pierre ; c'est souvent la même dalle funéraire, d'aspect mérovingien, en caractères d'un pied de haut, qui sert ainsi depuis dix générations. Le soir des funérailles, la famille offre un grand repas aux parents et aux amis du défunt, car, pas plus que les héros d'Homère, les Bretons ne pensent que les morts doivent être pleurés par le ventre. Au cours de ce repas, un des assistants prononce l'éloge du défunt que suivent diverses oraisons. Si le défunt laisse des enfants en bas âge, ils sont recueillis par leurs parents immédiats. En aucun cas, on ne les abandonne à la charité publique[8]. Chacun y aide d'ailleurs ; la préférence pour les emplois de mousses est toujours accordée aux orphelins et aux fils de veuves. Les patrons qui les emploient passent pour avoir plus de chance que les autres…

Ce qui est bien significatif, c'est que tout cet apparat funéraire, à l'inhumation près, se reproduit pour les Iliens qui ont disparu en mer ou au service. Le frère de Pauline Ménou était décédé à

Toulon, à l'hôpital Saint-Mandrier. Dès qu'on connut la nouvelle, on fit avertir les autres parents et on entama les apprêts de la veillée mortuaire. Pour cette veillée, qui n'est pas sensiblement différente de celle où le mort est présent, on étend un drap sur la table ; on dessine une croix sur le drap avec deux serviettes repliées et on pose sur cette croix le portrait du défunt ; à défaut, quelque objet lui ayant appartenu. Puis on va prendre à l'église le crucifix et les deux chandeliers. Le prêtre et les enfants de chœur viennent réciter le *Placebo* et la nuit se passe, comme dans les maisons où le mort est présent, en visites et en prières[9]. Messe d'enterrement le lendemain, puis service de huitaine, enfin service anniversaire du bout de l'an.

Les plus pauvres Iliens participent à ces honneurs posthumes. La piété de leurs proches ne s'arrête point là : il est encore d'usage d'inscrire les morts sur la prière publique de l'année (coût 1fr.50 par nom et par an). Le prêtre lit au prône le nom des inscrits et récite ensuite un *De profundis* général à leur intention. C'est lui aussi qui, le jour de la Toussaint, désigne en chaire les huit hommes de la paroisse chargés du *tro ann anaoun* (tournée des âmes). Une quête à domicile est faite par leurs soins. La nuit venue, après les trois nocturnes des morts, quatre d'entre eux restent à l'église pour sonner le glas qui ne cessera plus de tinter. Les quatre autres, avec des clochettes, font le tour du village. Ils s'arrêtent devant chaque maison et avec une particulière insistance devant celles où la mort a récemment frappé. Leur mélopée frissonnante s'élève alors dans la nuit :

Christenien, divunet,

Da pedi Doue gan ann anaoun tremenet,

Da lavarat eur pater hag eunn ave :

Requiescant in pace !

« Chrétiens, éveillez-vous ; priez Dieu pour les âmes des défunts et dites à leur intention un *Pater* et un *Ave*. » De l'intérieur, des voix répondent : « *Amen...* » Cette lugubre randonnée ne se termine qu'au petit jour[10].

La croyance à une sorte de survie matérielle et souterraine est encore manifeste à certains traits : on voit sur les anciennes tombes des trous en forme de calices et de buires qui servaient aux libations de laitage et de vin ; les Iliens restent persuadés que la terre du cimetière paroissial est nécessaire au repos des morts. Lors de la dernière épidémie de choléra, le médecin de la marine, par mesure de salubrité, exigea que les victimes de l'épidémie fussent enterrées à l'écart du village, dans un cimetière qui a gardé leur nom. Il se heurta aux pires résistances. Les parents de ceux qui dorment là ont demandé à plusieurs reprises qu'on leur permît d'exhumer les cadavres et de les transporter dans le cimetière paroissial (*ar veret beniguet*). Ils viennent d'adresser la même requête au nouveau médecin qui leur a répondu, comme son prédécesseur, par un refus énergique.

C'est depuis 1877 seulement que la marine entretient un médecin à l'île[11]. Les hommes lui firent un assez bon accueil ; mais les femmes déclinèrent longtemps ses soins. Pour les accouchements surtout, on eût regardé son intervention comme attentatoire aux mœurs. Il dut s'imposer de force, violer cette pudeur sauvage qui se défendait en pleine crise d'enfantement. Aujourd'hui même tous les Iliens ne croient point à l'efficacité des secours médicaux. Ils ont meilleure confiance aux remèdes de bonnes femmes, à certaines formules mystérieuses connues d'elles, à des pratiques d'un caractère étrange où il est malaisé de faire la part de l'observation et celle de la foi. Telle est la neuvaine à saint Corentin pour guérir la consomption des enfants. Saint Corentin (un des patrons de l'île) a sa chapelle près du phare, dans un désert couru des vents, où elle achève de s'effriter[12]. Quand un enfant « tombe en langueur », il est d'usage qu'on fasse dire une messe pour lui à cette chapelle. Neuf veuves, choisies par les parents, s'y rendent en procession et en font neuf fois le tour, le chapelet à la main et en ayant soin, tous les trois jours, de rentrer à l'intérieur pour dire un *Pater*. Deux enfants les accompagnent, chacun avec la moitié d'une miche de pain. La miche est déposée sur l'autel. À l'issue de la cérémonie, on la reprend et les neuf veuves y mordent les premières. Elles retournent ensuite au village avec le restant de la miche. À chaque personne qu'elles rencontrent, elles doivent tendre un morceau de pain en lui disant : « Voici un morceau de pain de la neuvaine. – Bonne santé au malade, répond le passant, et que Dieu pardonne aux âmes[13] ! »

À cette même chapelle de Saint-Corentin, on faisait anciennement tourner la crosse du saint, qui était mobile, du côté où l'on désirait que soufflât le vent. Il suffisait de dire :

> Awel mad, sant Corentin,
> Awel mad, ma pedin.

« Bon vent, saint Corentin, bon vent, je vous prie. » On conte encore qu'autrefois les femmes dont les maris étaient en mer ou sur le continent allaient balayer la chapelle du saint pour en ramasser la poussière : jetée au vent, cette poussière obtenait une bonne traversée aux absents. Mais le clergé est intervenu : il a mis une serrure à la porte de saint Corentin, qui restait benoîtement ouverte jour et nuit ; il a même supprimé la procession qui se rendait à sa chapelle, le premier dimanche après la Fête-Dieu. Corentin, avec sa mine barbare, sa crosse mobile et son chapeau d'astrologue, commençait un peu trop à sentir le roussi. Si l'on a laissé l'église paroissiale sous le patronage d'un autre saint breton, Gwénolé, qui ne figure pas davantage dans la liturgie romaine, c'est qu'il eût été plus malaisé de s'attaquer à ce saint, le grand protecteur de l'île, le saint de la mer par excellence. Sa statue n'a pas quitté la droite du grand autel ; mais, déjà, d'autres saints étrangers, reconnus, canoniques, se glissent près de lui et lui créent une concurrence qui pourrait devenir redoutable. Le jeune clergé semble tenir en particulière suspicion ces saints locaux, dont les papiers, à la vérité, ne sont pas toujours bien en règle. Le mot d'ordre presque partout est de leur substituer des équivalents ou des homonymes[14].

Le clergé a ses raisons que le peuple ne comprend point, mais dans lesquelles nous pouvons entrer : au fond le sentiment religieux en est resté ici à son premier stade ; il ne s'est point élevé encore jusqu'à la notion d'une Cause intelligente et parfaite. Cette religion de la mort n'en est que la secrète terreur, la confuse obsession. Sous ce mot même de religion, il ne faut point entendre un corps de dogmes, une doctrine arrêtée et précise, mais un ensemble mal lié de rites, de formules, de pratiques extérieures, aussi anciens peut-être que la race. L'Ilien continue d'attacher un sens bon ou mauvais aux manifestations les plus simples. Il croit à la puissance d'un mot, d'un geste, d'un coup d'œil. Pour terminer une discussion entre femmes, il n'est que de dire : « Si cela n'est pas, je souhaite que tel malheur arrive ! » La discussion s'arrête aussitôt. Il faut avoir soin, en sortant de l'église, de secouer l'eau bénite que l'on a prise aux doigts dans les quatre directions du vent, et c'est pour que les morts se tiennent tranquilles. Au moment des couches, si la patiente prononce le nom d'un saint ou d'une sainte, il faut, sous peine que ce saint ou cette sainte ne se venge, que les assistants reprennent le nom en chœur en ajoutant : « Secourez-la pour lui obtenir bonne et prompte délivrance. » Quand on sème le blé, le passant, du plus loin qu'il vous aperçoit, doit crier : *Doue ho penigo !* « Dieu bénisse ce que vous faites ! » Il est bon en parlant de la récolte future de l'appeler *an eo beniguet*, « la récolte bénie ». Quand les vaches vont au taureau, les femmes font un signe de croix avant le travail[15]. Il n'y pas longtemps qu'elles répétaient ce même signe sur le passage d'un étranger : cet inconnu pouvait être le diable ou son suppôt. Une puissance mystérieuse et jalouse, servie par de redoutables intercesseurs (les saints et les morts), semble peser sur le monde. Le culte de ces intercesseurs est autant une précaution qu'un besoin de l'âme : il s'agit de les désarmer, de se les rendre propices, ou, tout au moins, de s'assurer leur neutralité. C'est l'idée primitive qu'on retrouve à l'origine du sentiment religieux, chez tous les peuples de race aryenne. *Joa d'ann anaoun*, n'est, à bien prendre, que l'écho attardé et mélancolique du *paces deorum quaerere...*

Mardi.

La condition économique des Iliens n'est pas moins intéressante que leurs habitudes morales.

Cambry, à la fin du XVIIIe siècle, comptait soixante maisons dans l'île. Fréminville, en 1836, portait ce chiffre à soixante-quinze. La population s'était un peu développée, non le bien-être : les maisons n'étaient que « de misérables chaumières ». Dauvin, en 1852, dans la *France maritime*, précisait : « On se ferait difficilement une idée des cahutes sous lesquelles les familles s'abritent pendant les rares instants qu'elles donnent au repos et au sommeil. Le jour n'y pénètre que par une ouverture oblongue de dix-huit pouces de hauteur, ménagée dans l'épaisseur d'une muraille grossièrement maçonnée. Un bahut, sur lequel tombe ce faible rayon de lumière, deux coffres servant de bancs, de grandes armoires sans battants à plusieurs étages servant de lits, une marmite, une poêle, un chaudron, quelques écuelles et cuillers de bois constituent tout le mobilier de ces bouges enfumés et humides, où la pluie filtre de toutes parts, où le vent s'engouffre avec d'épouvantables sifflements. » Cette description, qui n'a peut-être jamais été d'une grande fidélité, serait à peine vraie aujourd'hui pour deux ou trois maisons du Poul.

Il y a deux cent cinquante maisons bien comptées à l'île. Toutes ont un étage, quelques-unes deux. Construites en pierres taillées, percées de baies suffisantes, crépies ou rejointoyées et toujours couvertes en ardoises, elles ont un air de décence qu'on ne retrouverait qu'aux beaux villages d'Oléron et de l'Ile-aux-Moines. L'intérieur, disposé comme celui de toutes les maisons bretonnes (deux pièces séparées par un corridor), s'en distingue un peu dans le détail : les cloisons, par exemple, sont relevées de couleurs vives ; les cheminées ont un revêtement en bois peint. Un petit rideau de percale ou d'indienne à fleurs fait linteau sous le chambranle ; quand le vent souffle en foudre, on rabat sur l'ouverture les deux battants d'une porte ou l'on fait glisser un panneau à coulisse : la marmite continue de bouillir à l'intérieur. La cheminée est surmontée d'un *mester* à une ou plusieurs étagères, avec galerie ajourée, pour la vaisselle. Le reste du mobilier, armoires, lits-clos, pétrin, etc., est rangé à la file le long des murs. Meubles propres, sans grand caractère, en châtaignier ou en noyer verni, aux cuivres nets et luisants. Une petite cour de derrière, avec une citerne[16], une étable et une crèche, s'annexe à la plupart des maisons. L'étable reçoit une vache, la crèche un ou plusieurs porcs. Joignez-y la volaille, les chiens et les chats : c'est toute la faune domestique de Sein[17]. Chevaux et moutons y sont inconnus, et l'on cite encore l'étonnement d'une Ilienne débarquant pour la première fois sur le continent et qui, en arrêt devant un cheval, le prenait pour un porc d'une espèce gigantesque.

La vie, dans ces maisons, sans être abondante, est relativement facile. Presque toutes les familles s'approvisionnent de pain blanc à Audierne : elles ne paient que la mouture et la fabrication et fournissent elles-mêmes le grain. Les familles moins aisées se contentent de pain d'orge ou de seigle mélangé de froment. La farine est achetée sur le continent par *culasses* (mesure de deux cents livres) et cuite au foyer sous la cendre de goémon. Comme sur toute la côte, les pommes de terre et le poisson séché (vieilles, roussettes, congres, merlus, juliennes, etc.) composent le fond de la nourriture. Encore le lard, la viande salée, les conserves mettent-ils quelque variété dans le menu. Même la viande fraîche, apportée d'Audierne, paraît à certains jours sur les tables. La consommation du café et de l'eau-de-vie est poussée jusqu'à l'excès, mais les familles aisées boivent seules du vin ; dans les autres, on se contente d'eau de citerne pure ou dans laquelle on a mis à infuser des fleurs d'anis réputées pour leurs vertus bruyamment laxatives. L'anis est avec l'orge, le seigle, les pommes de terre, la grande production de l'île : je crois qu'il pousse naturellement en bordure des talus comme le fenouil et l'armoise dans la campagne de Rûn-Rouz. L'orge, le seigle, les pommes de terre se montrent plus exigeants ; mais toutes les fumures du monde ne sauraient faire rendre au sol plus qu'il ne peut produire et il faut que chaque famille complète son approvisionnement à la foire des Iliens qui se tient à Pont-Croix, le troisième jeudi d'octobre. Grosse préoccupation pour les ménagères ! Là s'achètent encore les vaches, les porcs, la volaille… Longtemps le goémon, avec le bois d'épave, fut le seul combustible employé dans l'île. La plupart des familles font aujourd'hui venir leur bois du Faou : la « corde », rendue à la grève, coûte de 20 à 22 francs. Il n'y a aucun arbre digne de ce nom dans toute l'île. Les seuls arbustes, montrés comme des curiosités, sont les fusains et la vigne en espalier du père Fouquet, une autre vigne, dans l'enclos du presbytère, un cerisier et un figuier nains. Ce n'est pas que la température soit plus âpre ici que sur le continent : elle y est, au contraire, extrêmement douce, mais le vent rase impitoyablement tout ce qui dépasse les murs…

En somme, la condition matérielle des Iliens est sensiblement supérieure à celle des autres Bretons du littoral. On ne s'expliquerait point sans cela les dépenses qu'ils font à l'auberge, non plus que leurs fréquentes retraites sur le continent, leurs coûteux pèlerinages aux sanctuaires en vogue, leurs dons continuels en argent et en nature pour les œuvres pieuses (Propagation de la Foi, denier de Saint-Pierre, etc.). Cette petite paroisse de 800 âmes a une cure plus riche que tels canonicats de grandes villes et, si c'est pour faire l'éloge des sentiments religieux de l'Ilien, c'est aussi pour témoigner du bon état de ses finances. On ne voit point céans de loqueteux. Le costume des femmes est en très beau drap ; celui de la *jubilinen* ne coûte pas moins de 8 francs le mètre (prix d'avant-guerre). Nombre d'Iliennes portent aux oreilles de lourds anneaux d'or. Ce sont les richardes, sans doute ; mais que, dans cette île de quelques pieds carrés, sans industrie ni culture, on puisse citer diverses familles dont le revenu passe 5.000 francs, c'est ce qui mérite déjà réflexion.

D'où vient donc ce renom d'exceptionnelle misère qui est resté aux Iliens ? Il y a eu un temps, je pense, où ils le méritaient réellement : c'est quand ils manquaient de débouchés et que l'exportation du produit de leur pêche s'arrêtait aux villes du littoral. Leur situation fut vraiment digne de pitié jusqu'aux approches de 1860. En 1756, quand l'île faillit être engloutie, comme cette année, par un gonflement soudain de la mer, le duc d'Aiguillon, alors gouverneur de la Bretagne, « touché, dit Cambry, de leur état, de leur misère, leur offrit une habitation commode sur le continent, tous les secours, les avances dont ils auraient besoin pour se fixer. Ce fut en vain. L'idée de quitter leurs rochers leur fit verser des larmes ; ils demandèrent à genoux qu'on ne les arrachât point à leur misère, aux sables qui les avaient vus naître[18] ».

Le duc chercha un autre moyen de leur venir en aide : on commença, par ses ordres, les premiers travaux de défense et d'atterrissement, une cale, la digue du Sud. De ce moment aussi, les Iliens furent inscrits au budget de la marine et reçurent, tous les trois mois, 150 quintaux de biscuits, 30 de lard et 8 de légumes secs. Cette fourniture leur fut attribuée jusqu'en 1822, où on la supprima brusquement une première fois, sans doute sur les plaintes provoquées par leurs habitudes invétérées de pillage. Mais ils eurent l'habileté d'intéresser à leur sort les princes de la famille royale : la fourniture fut rétablie et portée graduellement à 250 quintaux de biscuits, 100 de légumes secs et 60 de salaisons. Les choses allèrent ainsi jusqu'en 1858 où, à la suite du pillage du *Mentor*, chargé de minerai, et après diverses réclamations du syndic et du commissaire de l'Inscription maritime, la fourniture fut définitivement supprimée. Quels cris alors, quelle explosion de regrets, de soupirs, de larmes ! Aujourd'hui même les Iliens ne sont point consolés de ce coup d'autorité. Habitués aux secours de la « grande terre », ils se plient difficilement à l'idée de n'en plus

Ile-de-Sein, samedi soir, 2 heures.

rien recevoir. Je pense cependant qu'il y a pour l'Etat un meilleur placement à faire de ses subventions. Leur longue minorité économique a gâté les Iliens ; majeurs, ils ne se résignent point à une condition dont ils ne voient que les charges. C'est ainsi que les remontrances de l'Inscription maritime n'ont pu les décider à fonder entre eux des sociétés de secours mutuels : non qu'ils répugnent au principe de l'assistance, mais ce serait signifier qu'ils peuvent se suffire. On en voit même qui refusent de payer leurs invalides : le syndic éprouve toutes les peines du monde à leur faire verser cette modique somme annuelle (18 francs pour les patrons, 9 francs pour les matelots) qui n'est cependant qu'une simple prime d'assurance. Encore faut-il remarquer que c'est toute la contribution qu'exige d'eux l'Etat. L'île de Sein, par un privilège sans exemple, est la seule commune de France qui ne figure point au budget. L'Ilien ne paie aucun impôt, mobilier ou immobilier ; les débitants et les commerçants sont exempts de patente ; la cote personnelle n'existe pas ; les héritages ne sont frappés d'aucun droit d'enregistrement et de succession ; de plus, le sel est livré en franchise à la commune qui le fait charger à Mesquer, sur la grande terre, et le revend à raison de 4 francs les 50 kil. pris à quai, et de 5 francs, pesé au dépôt[19]. Le bénéfice de la vente, unique revenu de la commune, sert à payer à la marine le loyer du médecin. Les soins de ce dernier sont gratuits et gratuits encore les médicaments…

Et, tout de même, ce sont des avantages matériels fort appréciables. Songez combien l'impôt, l'enregistrement, le pharmacien, le médecin grèvent les petits budgets du continent. Et, pour légitimer cette abondance de faveurs, l'Ilien d'aujourd'hui ne peut invoquer son isolement d'autrefois : l'installation du câble télégraphique, la régularisation du service postal, le prolongement de la voie ferrée jusqu'à Quimper d'abord, puis jusqu'à Douarnenez et Audierne, ont fait en quelques années pour l'évolution économique de l'île plus que la tutelle amollissante de deux siècles. Tant que les débouchés manquaient aux Iliens, leur condition restait précaire. Il n'en est plus ainsi maintenant. Le produit de la pêche est porté à Audierne ou à Douarnenez et expédié aussitôt sur Paris et le centre. À l'île même sont établis des mareyeurs ; d'autres viennent sur des caboteurs, l'été, d'Angleterre et de Normandie, et chargent le poisson à quai.

La pêche principale est celle de la langouste et du turbot. On la fait sur des embarcations non pontées, montées par trois ou quatre hommes et gréées en sloops, au moyen de casiers cylindriques en osier et de palangres de plusieurs centaines de brasses. Les hameçons des palangres sont amorcés avec des aiguillettes, qui abondent dans les eaux de l'île, ou avec une sorte de petit poisson grisâtre, nommé *prêtre*, qu'on achète par barils à Camaret ; les casiers sont amorcés à l'intérieur avec des tranches de grondins et de vieilles. Palangres et casiers sont fabriqués par les pêcheurs eux-mêmes : la matière première (bois, liège, plomb, ligne, hameçons), achetée sur le continent, fait encore une assez grosse dépense. Vienne une tempête : si la relève n'a pas été assez prompte, tout le matériel est perdu. Heureusement ces parages sont les plus productifs du monde, et la langouste et le turbot entre les poissons les plus appréciés. Actuellement la douzaine de langoustes se vend 30 francs aux mareyeurs, mais il n'est point rare qu'elle tombe à 10 francs. La livre de turbot se vent vingt sous ; les jours qui suivirent la grande tempête, elle doubla, bondit à 2 francs, mais elle descendait à dix sous l'été précédent[20]. La pêche a lieu toute l'année, mais surtout du printemps à l'automne. La hardiesse des pêcheurs est inconcevable : sur ces frêles barques d'un demi-tonneau de jauge, on les voit s'aventurer jusqu'à sept et huit lieues d'Armen, à dix-huit milles au large. Au matin, quand ils prennent la mer, le patron, debout à l'avant, trace dans l'air un grand signe de croix destiné dans sa pensée à couper la houle. Il n'y réussit point tant qu'une lame de fond ne chavire de temps à autre une barque ou deux. « Nul, dit un proverbe local, ne s'est risqué sur le raz qu'il n'ait ressenti peur ou mal. » Ce sentiment de l'instabilité de leurs destinées perce d'une façon curieuse dans les noms qu'ils donnent aux terrains de pêche. Le dernier qu'ils ont découvert, au nord-est d'Armen, a été baptisé par eux : *ar veret nevez*, le cimetière neuf. C'est présentement le grand rendez-vous de pêche à la langouste ; *Capharnaüm*, plus au nord, est pour le turbot. Un bon pêcheur s'y fait couramment des semaines de 40 à 50 francs, qui peuvent monter par exception jusqu'à 120 francs. Mais, en hiver, les chômages sont fréquents, durent quelquefois quinze jours et plus. En été les grandes marées sont un obstacle d'une autre sorte : trop de courants ; on ne peut laisser les casiers dehors ; le temps s'emploie vaille que vaille à terre au gréement des bateaux ou à la révision du matériel. Un dernier mode de pêche, spécial à l'île, je crois, et qu'on pratique du rivage, est la pêche *à la pinoche*, pour les jours ou l'état de la mer empêche les hommes d'embarquer. Imaginez un petit radeau-miniature de cinquante centimètres carrés, muni d'un gouvernail et d'une voile de fortune et auquel sont attachées deux lignes : l'une qu'on tient à la main, l'autre qui traîne dans l'eau et qui forme une petite palangre dont on amorce les hameçons avec du *gravet* (ver de vase). En temps de chômage et pour varier leurs occupations, les hommes ont encore la ressource de la chasse, libre toute l'année à Sein. L'unique gibier, du reste, est le gibier de mer (gaudes, courlis, pluviers, etc.) d'approche difficile. La chasse se fait à l'appeau, au moyen d'un oiseau empaillé qu'on place bien en vedette sur un rocher voisin. Grands dénicheurs de nids, les enfants élèvent des mouettes, des goélands, des plongeons ; on voit de ces oiseaux qui circulent dans les cours, sur les quais. Il y a même ici des cormorans domestiqués, comme en Chine, qui rapportent le poisson dans leurs becs...

Les hommes sont payés à la part. Bien entendu cette part grossit, s'ils ont un intérêt dans l'armement ; mais en général le patron de barque est propriétaire unique. Dans ce cas les engagements ont lieu à l'année. Encore est-il exceptionnellement rare qu'un homme quitte le bateau sur lequel il est embarqué, à moins que ce ne soit pour entrer au service ou se mettre à son compte. La solidarité est des plus vives de patron à matelots, et la religion vient lui donner une consécration inattendue.

Quand on entre chez un patron, on aperçoit aux solives une suspension d'un caractère étrange : cela a la forme d'un bateau dont la carène aurait été prise dans l'entamure d'une miche de pain bis et qu'on aurait gréée en sloop, avec des haubans de fil et une voilure en papier. Et c'est véritablement un bateau. Il occupe cette place au plafond depuis le jeudi qui précède le dimanche gras et il la gardera jusqu'au retour de cette date, qui marque la cérémonie du *Fest ar vag*, la fête du bateau, particulière à l'île de Sein. Ce jour-là chaque patron invite son équipage à souper : le repas se compose de soupe grasse, de viande fraîche, de légumes et de *far* (gâteau fait de froment, de pruneaux et d'œufs) ; le patron fournit un litre de vin par homme, l'équipage l'eau-de-vie. À l'issue du repas, les hommes se lèvent, tirent leur béret. Le bateau en croûte de pain, suspendu au plafond, est « amené » par le plus ancien de la compagnie. Puis le patron fait le signe de croix, rompt le pain et en partage les morceaux à son équipage. L'acte est grave comme un sacrement. Qui s'est lié par cette communion mystérieuse, cette *confarreatio* volontaire et fraternelle, s'est vraiment donné corps et âme. Un des hommes de l'équipage taille ensuite dans la miche du jour une nouvelle entamure dont il ôte la mie et qu'il grée comme la précédente. Après quoi on la hisse au plafond et on l'« amène » trois fois, comme pour la cérémonie du salut, en chantant le *Veni Creator*. S'il y a eu un mort pendant l'année dans l'équipage, on récite un *De profundis* à son intention. L'assemblée ne se sépare qu'après les grâces dites. Le lendemain vendredi, il y a un déjeuner maigre (poissons et patates) offert par l'équipage. Les pauvres cependant ne sont pas oubliés ; le mousse est chargé d'envoyer les fonds d'eau-de-vie restants, comme part du *Fest ar vag*, chez les infirmes et les veuves abandonnées…

En 1794, Cambry comptait à l'île de Sein 344 habitants ; elle en avait 840 au dernier recensement (chiffre d'hiver doublé, pendant six mois de l'année, par l'immigration des pêcheurs paimpolais et de leurs familles).

Les débuts de cette immigration coïncidèrent avec l'établissement des grandes lignes ferrées de l'Ouest et de l'Orléans ; mais les Iliens firent longtemps grise mine aux nouveaux venus. « Pour commencer, dit Adolphe Paban, on refusa de leur céder aucun logement ou on leur demanda des prix impossibles ; les pauvres gens furent obligés de se retirer dans leurs bateaux, d'y vivre pendant plusieurs jours et d'entamer de longs pourparlers avant que les indigènes consentissent à leur donner abri. » Il y a aujourd'hui un peu moins de prévention contre eux. Les Paimpolais, marins habiles, bons pêcheurs, nullement routiniers, ont été d'un contact excellent pour les Iliens : ils les ont piqués d'émulation et, plus que des concurrents, se sont révélés pour eux des clients. Car la plupart amènent avec eux leurs femmes et leurs enfants, jusqu'à de petits êtres âgés de huit ou dix jours à peine. Les femmes se rendent par terre au Conquet où elles embarquent « à bord de leurs hommes[21] » ; toute la tribu est ici pour Pâques et ne s'en va qu'à la Saint-Michel. Chaque famille loue pour son usage une pièce où il n'y a que les

Ile-de-Sein, samedi soir, 2 heures.

bois de lits et qu'elle paie cependant de dix à quinze francs par mois ; le reste du mobilier, bien rudimentaire (quelques paillasses et des ustensiles de cuisine), est apporté par le bateau. Mais, quoique parlant la même langue ou quasi, partageant les mêmes demeures, les deux populations ne se fréquentent point. Chacune réserve son quant-à-soi et, jusqu'en 1878, le conflit resta assez aigu. Il y eut des batailles, plusieurs hommes tués. L'administration dut envoyer à Sein deux gendarmes maritimes ; ils y séjournent pendant les six mois de l'immigration. Le rapprochement se fera-t-il à la longue ? C'est peu probable. L'an passé, cependant, une Paimpolaise a épousé un Ilien…

Tout le temps que dure la pêche d'été, l'île de Sein présente une animation extraordinaire : des caboteurs étrangers chargent les poissons à quai ou sur rade ; c'est un va-et-vient continuel de canots dans le port, où godillent de robustes Paimpolaises ; les marchands forains, les colporteurs, tous les gagne-petit de la grande terre se donnent rendez-vous devant l'église pour le premier dimanche de mai, pardon de saint Gwénolé. Et ce sont encore des représentants de commerce, des maçons, des charpentiers, des couturières, l'horloger Le Flem, de Pontrieux, et sa femme, rajusteurs attitrés de toutes les pendules éclopées ou défaillantes, un boulanger d'Audierne, qui cuit le pain au plein air, un rempailleur de chaises, un rétameur… On ne connaît d'autre industrie à Sein que la fabrication des cristaux de soude[22], d'autre métier que celui de débitant. Les maisons elles-mêmes sont construites par des ouvriers du Cap. Les femmes de l'île leur servent de manœuvres : elles préparent le mortier, fouissent le sol, apportent sur la tête les pierres d'angle, qu'elles vont chercher quelquefois à un quart de lieue de distance. Tous les objets mobiliers viennent du continent, y compris ces grandes lanternes carrées en bois et en corne, avec une toiture percée de trous, nécessaires pour se guider, la nuit, dans le ténébreux dédale des venelles. Les bateaux sortent des chantiers de Camaret et de Roscoff ; les voiles sont taillées à Audierne. L'Ilien est marin et ne peut être que cela[23]. Où ferait-il l'apprentissage d'un autre métier ? Où seulement en prendrait-il l'idée ? L'instruction, donnée par un instituteur laïque et quatre religieuses[24], est forcément rudimentaire. Quelques familles envoient bien leurs enfants à Quimper, mais au petit séminaire : la vocation apostolique n'est point rare dans ces foyers de pêcheurs ; elle fait surtout des missionnaires et des aumôniers de la flotte. Prêtre ou marin, la vie de l'Ilien est enfermée entre ces deux destinées.

On cite pourtant un Ilien qui devint fonctionnaire. C'était un Thymeur : second maître d'équipage, décoré au service, il fut, son temps fait, nommé syndic des gens de mer, puis surveillant de port dans son île natale. Il s'y est éteint chargé d'âge. Sa fille tient le débit de tabac du bourg. On n'a pas manqué de me mener chez elle, et c'est qu'elle présente cette particularité d'avoir « posé » pour le célèbre tableau de Renouf : *La Veuve de l'île de Sein.*

Tout le monde le connaissait ici, cet excellent Renouf, qui fit plusieurs séjours à l'île et y demeura une fois tout un hiver. Ce ne fut pas sans tristesse qu'on apprit sa mort. À l'affection pour l'homme se joignait le respect un peu naïf des gens de petite condition pour l'artiste dont la signature, au bas d'une toile, « valait trente mille francs comme un sou ».

– Celui-là était un *entendu* ! disent-ils avec une nuance d'admiration jalouse.

Le tableau de Renouf est au musée de Quimper. Quant au modèle de l'artiste, Anna-Brigitte Thymeur, plus connue céans sous le diminutif de *Chitic*, c'est une femme de quarante-cinq ans, un peu touchée par l'âge, mais qui a conservé ses beaux yeux noirs, sa grâce sévère et ses lèvres d'ombre. Elle n'est point veuve, comme l'a voulu Renouf ; elle n'a même jamais été mariée, ce qui n'empêche qu'en plus de son surnom familier de Chitic on l'appelle communément, comme dans le tableau, *la Veuve de l'île de Sein*. Chitic est une des « curiosités » de l'île et comme telle signalée aux touristes. Le débit lui-même ressemble à tous les autres : un comptoir, des étagères garnies de bouteilles et de verres, une table, des bancs. Mais voici au mur une photographie du tableau de Renouf dédicacée et adressée par lui à son modèle : la femme, en *jubilinen* noire, songe ou prie devant une tombe ; un petit enfant, tête nue, est agenouillé auprès d'elle : c'est aujourd'hui un grand garçon de vingt-six ans, Nicolas Guilcher, fin pêcheur et marin consommé. Renouf a bien un peu « truqué » le paysage pour donner de l'air à sa toile ; il a écarté les maisons qui enclosent de toutes parts le cimetière et lui a fait un fond sur le large.

D'autres châssis sont pendus aux murs : ils viennent presque tous de l'héritage paternel et encadrent des brevets, une croix de la Légion d'honneur, une médaille militaire… La gloire n'a pas gâté Chitic, restée simple et modeste. Elle a gardé un vrai culte pour le peintre qui l'associa à son triomphe. Des autres, vague troupeau d'imitateurs emboîtant le pas à toutes les célébrités naissantes et qui la sollicitèrent de figurer dans leurs toiles, elle ne conserve qu'une mémoire confuse. Ils ne comptent pas. Mais pour Renouf, elle n'était point à une séance près. Il habitait chez son père ; il prenait ses repas en famille ; et à certains mots qu'un soupir prolonge, à des allusions détournées, à je ne sais quoi de mélancolique dans l'accent, j'ai l'impression d'un roman avorté, comme d'un pâle lever d'amour, qui explique peut-être que Chitic soit volontairement restée fille.

– Nous l'attendions toujours, me dit-elle. Il écrivait quelquefois… Il promettait de revenir.

Mardi soir.

Ce soir, le dernier sans doute que je passerai à l'île, – j'ai vu Ménou tout à l'heure : il part demain le vent est bon et il y a des chances pour qu'il demeure tel jusqu'au matin, – les jambes molles, la tête bourdonnante encore de tout ce bruit de houle qui fait une basse continue et profonde, toujours la même, autour de l'île, je relis distraitement mes notes dans la cuisine de Kernaléguen, « à l'abri de la tempête », tandis que le brave homme triture sur le foyer un de ces ragoûts extraordinaires où, dans des sauces roses et bleues, nagent d'invraisemblables victuailles.

– Qu'est-ce que ce morceau, Kernaléguen ?

– Du gésier sans aucune faute, Monsieur, du gésier de poulet garanti.

– Et celui-là ?

– De la culotte de bœuf, donc, mon bon Monsieur, tout ce qu'il y a de meilleur comme culotte.

Culotte et gésier, j'y suis fait maintenant et aucun mélange adultère ne trouble ma résignation. Kernaléguen va, vient, souffle son feu, tâte sa sauce d'un doigt qu'ensuite il suce, ajoute du poivre, pousse un soupir et tourne vers moi des yeux mouillés de supplication. C'est que j'ai refusé jusqu'ici de lui dire mon sentiment sur les

Iliens. Il sait que je pars demain et sa démangeaison de curiosité est si vive qu'il ne tient plus en place.

– Alors, Monsieur, on ne peut pas connaître ce que vous pensez des Iliens ?

– Asseyez-vous, Kernaléguen, lui dis-je, et quittez votre ragoût. Car mon estomac peut attendre, mais non, je pense, votre curiosité. Ce que vous m'avez conté des Iliens, les gens d'Audierne me l'avaient appris déjà ; on se jalouse ferme d'un bord à l'autre du détroit. Quelle raison à cette jalousie ? Je ne l'aperçois pas très distinctement. Il est vrai peut-être que nous ne sommes point ici chez les Phéaciens, hospitaliers et vertueux, mais de Phéacien à *rastaquouère* la distance reste tout de même infinie et il y a bien des moyennes d'humanité entre ces deux extrêmes. Retirez *rastaquouères*, Kernaléguen. Je consens que ces gens-ci aient une religiosité excessive, mais à qui se recommanderaient-ils qu'au bon Dieu et aux saints ? Ils sont quémandeurs, cela ne fait aucun doute. Mais ils ont longtemps souffert et ne sont point encore habitués à leur bien-être ; ils se croient plus malheureux qu'ils ne sont, mais ils le croient réellement. Et c'est vrai encore, Kernaléguen, qu'il y a parmi eux d'acharnés pilleurs d'épaves. Seulement vous et les gens d'Audierne avez oublié de me dire que ce sont aussi d'admirables sauveteurs d'hommes. Leurs ancêtres avaient un renom terrible chez les navigateurs : on les appelait les *démons de la mer*. Aux vagues notions de christianisme qu'ils tenaient de leurs premiers apôtres, on leur voyait mêler les pratiques les plus saugrenues, sacrifiant aux fontaines et récitant l'oraison dominicale devant la nouvelle lune : « *Panem nostrum quotidianum…* Un bon naufrage, dame Lune, pour la marée de cette nuit ! » Mais enfin le Père Maunoir aborda chez eux en 1624 et commença de les débarbouiller. Il conféra les ordres à un simple marin de leur clan qu'il avait distingué pour sa piété, qui s'appelait Le Sur et qui fut leur premier pasteur. Par lui, ils apprirent à voir des frères, et non plus des ennemis, dans les malheureux que la tempête jetait sur leurs côtes.

« Savez-vous bien, Kernaléguen, que de 1763 à 1817, ils sauvèrent ainsi, au rapport de Fréminville, vingt équipages de navires étrangers et français ? En 1794, le *Séduisant*, monté par 800 matelots et marins, fit côte sur le grand Stévennec : ils les sauvèrent

Ile-de-Sein, samedi soir, 2 heures.

tous jusqu'au dernier. Mais rappelez-vous seulement ce qui s'est passé sous vos yeux dans ces dernières années. Songez aux dix-neuf marins du navire espagnol *Mesquidor*, aux trente hommes du norvégien *Baltic*, à l'équipage anglais du *Pretoria*, à celui du trois-mâts français *Joséphine-Henriette*. En 1885, la Société centrale des naufragés décernait le prix Méquet au canot *Sainte-Marie* de l'île de Sein ; en 1892, elle lui attribuait le même prix avec une médaille d'or pour le patron Ambroise Ménou et des médailles d'argent pour les hommes de son équipage. Pensez-vous que la Société ne sache point ce qu'elle fait ? Mais elle savait, au contraire, que Ménou et ses hommes avaient vingt fois exposé leur vie, par mer démontée, en plein hiver, de nuit, dans les brisants, la houle et la brume. Et il y faut peut-être quelque sentiment du devoir et un certain amour de ses semblables. Les corps mêmes que vomit la mer sont ici l'objet des soins les plus touchants. Qui trouve un cadavre inconnu sur la grève s'agenouille et sur son front, ses yeux, sa bouche, pieusement, trace le signe de la croix. La triste dépouille est aussitôt portée à l'église et, si un reste de superstition ou de défiance s'oppose encore à ce qu'on l'accueille dans le cimetière paroissial, elle recevra du moins tous les honneurs funèbres et le tribut de compassion qu'on doit au malheur. Après cela, peut-être vaudrait-il mieux que ce respect des naufragés s'étendît à leurs biens ; mais est-ce ici seulement que l'épave est regardée comme un don du ciel, la manne d'une attentive providence ? Il n'y a ni gendarmes ni douaniers à l'île ; mais sur la grande terre où ne manquent ni les gendarmes, ni les douaniers, leur présence empêche-t-elle les riverains de courir au *pacé* quand ils peuvent ? La *Lune* d'Audierne ne vient-elle pas d'être pillée près de Penmarc'h, sa grande voile tailladée, 400 francs du bord soustraits ? À l'Ile-Grande et au Conquet, des procès-verbaux ont été dressés l'autre semaine contre une trentaine de pêcheurs faméliques, qu'un naufrage de conserves et de vins n'avait pas trouvés assez indifférents. La vie est dure, Kernaléguen, et il n'y a pas de petits profits pour qui peine matin et soir. Mais je vous accorde que l'Ilien est trop empressé à profiter du bien d'autrui. Je l'aurais voulu moins âpre contre les Paimpolais qui viennent ici l'été ; le champ de la mer est assez vaste pour tous et ces Paimpolais sont plus une ressource qu'une charge pour l'île. Etait-il donc bien humain, comme le voulait votre Yann Pasq, de leur fermer tout asile ? Est-il même d'un bon chrétien de leur faire payer l'eau des citernes ? J'ai lu chez Adolphe Paban qu'un archéologue aborda naguère à Sein pour y fouiller le dolmen de l'Ifran ; mais il eut l'imprudence de dire qu'on y trouverait peut-être quelque trésor : avant qu'il eût donné un seul coup de pioche, le sol avait été profondément fouillé dans la nuit sous tous les mégalithes…

« Âpre au gain, quémandeur, l'Ilien manque par surcroît de cette mesure qui est une forme de la probité. La mer lui a-t-elle causé quelque dommage ? Il réclamera le double de ce qu'il a perdu. C'est un point que je n'ai pas manqué d'aborder dans mes conversations avec Mathieu Porsmoguer, – *Mazo*, comme on l'appelle familièrement, suivant la coutume de l'île qui affuble chacun d'un sobriquet. Je ne lui ai point caché qu'on était assez mal disposé sur le continent à l'égard des Iliens : leurs constantes réclamations et l'exagération qu'ils y apportent leur ont aliéné bien des sympathies. On reproche aux municipalités précédentes d'avoir fait argent des bonnes places ; elles auraient même à plusieurs reprises détourné des fonds qui ne devaient aller qu'aux pauvres. Et je n'ai éprouvé aucun embarras pour parler ainsi à Mazo. Quand je n'aurais pas connu sa conduite pendant la tempête, quand on ne me l'aurait pas dépeint comme un homme loyal et franc, en qui la majorité des Iliens voient leur chef naturel et qui est disposé à faire cesser des abus vraiment insupportables, il m'eût suffi de regarder cette tête jeune et candide, aux beaux yeux de rêve, une tête de Celte blond, très rare ici, et qui semble dénoter une origine à part. Les îles, par leur situation, leur facilité d'atterrissement, présentent fréquemment de ces anomalies ethniques : celui-ci est évidemment un Kymris de la grande terre. Et je vous dirai, Kernaléguen, qu'à la différence de Yann Pasq, Mazo n'a fait aucune difficulté pour reconnaître qu'une partie de ces reproches étaient fondés. Sur le chapitre même des travaux à entreprendre et des indemnités qu'il convient d'accorder aux sinistrés, j'ai rencontré chez lui la plus louable modération. Vous savez que les Iliens ont demandé de tous temps qu'on surélevât leurs digues. J'avais vu M. Le Corvézier la veille et il m'avait dit qu'il fallait renoncer à ce travail qui coûterait plusieurs millions. La reconstruction des parties écroulées dans les digues actuelles devrait seule, en l'état des choses, préoccuper les ponts et chaussées, et c'est un travail qui lui paraît fort suffisant.

Ile-de-Sein, samedi soir, 2 heures.

Mais M. Le Corvézier prêche pour son saint, et son optimisme est surtout d'ordre administratif. La vérité, je crois, est que, si l'on voulait vraiment défendre d'île, sans procéder à une surélévation totale des digues, il faudrait opérer la jonction du quai du Len avec le quai de Lengana. Cent mètres environ à construire, la dépense serait faible.

« – Et sans doute, me disait Mazo, il nous serait agréable aussi de voir joindre le quai de Porcaïc avec celui de Lervilly et prolonger jusqu'au Nerroth la digue de Roc'hpiquet qui ferait ainsi du port un vrai port de relâche. Mais ce sont de gros travaux et, par ordre d'intérêt, ils ne viennent qu'au second rang. Nous nous en rendons bien compte nous-mêmes. L'Etat, d'ailleurs, n'en prendrait point toute la charge et les Iliens consentiraient volontiers à faire des corvées pendant le mauvais temps[25].

« Et comme je m'informais près de Mazo à quel chiffre approximatif il évaluait le dommage causé aux particuliers pendant la tempête, il me répondit sagement que, pour n'être point taxé d'exagération et quitte à demeurer bien en deçà de la vérité, il ne demanderait que 10.000 francs sur le crédit de 150.000 ouvert par les Chambres pour venir en aide aux sinistrés de Bretagne. Reste à savoir, m'allez-vous dire, comment se fera la répartition de ces 10.000 francs et des sommes précédemment envoyées par les journaux et les particuliers. Rassurez-vous, Kernaléguen : tant que l'élection de Yann Pasq ne sera point validée (et une protestation de 140 électeurs sur 200 vient d'être adressée au préfet), Mazo continuera de faire fonction de maire. S'il est encore en place au moment de la répartition des secours, il aura soin d'appeler dans la commission des gens éprouvés et, ce qui ne s'est point vu jusqu'ici, un des fonctionnaires à demeure dans l'île, le syndic ou le médecin. L'argent cette fois ira bien aux malheureux et rien qu'aux malheureux... »

Kernaléguen, bouche bée, interdit et confus, ne m'a pas interrompu une seule fois pendant tout ce discours. Il se lève sans dire mot quand j'ai fini. Je vois bien que mes confidences lui ont donné une pauvre idée de ma judiciaire. Ce ne serait rien, s'il n'y venait s'ajouter la plus sensible déception : évidemment ce n'est point à ce coup encore qu'il tient sa brigade... Et, quelque temps plus tard, chaussant ses bésicles et se penchant sur son registre pour établir ma note, j'admirai tout ensemble, aux longues méditations qui l'occupaient et à la progression inattendue des colonnes, combien le ressentiment est naturel à l'homme et la forme ingénieuse qu'il peut revêtir dans le cœur d'un gargotier...

Audierne, mercredi.

Je suis sur la « grande terre ». La chose n'est point allée toute seule et j'ai bien cru qu'il me faudrait encore rester à l'île aujourd'hui. Nous devions partir à pointe d'aube, mais le vent était tout à fait tombé, ce qui n'empêchait point le ressac ni la houle. Sur le quai Saint-Gwénolé, où j'arrive en même temps que le docteur Collin, non moins impatient que moi de partir, on nous apprend qu'un steamer a sombré pendant la nuit. Les chaudières ont dû faire explosion, car les épaves que vomit le Raz sont toutes noires et hachées. La mer descend ; on ne pense plus que la poste puisse partir, quand la brise commence à fraîchir. Ménou, qui est à bord, nous fait signe de la main ; vite, il faut embarquer et profiter de cette bonne fortune.

Un canot nous attend au pied de la cale. Mademoiselle Collin, qui accompagne son frère, s'embarque avec nous. La famille du nouveau médecin, la famille du syndic et deux ou trois autres sont venues aux adieux. Mademoiselle Collin pleure ; son frère lui-même est tout attendri. Il n'y a si tristes lieux qu'on y laisse impunément trois ans de sa vie. Et le séjour à Sein peut cependant compter dans le genre. Que de fois le soir, en rentrant chez Kernaléguen, saisi dans cette solitude infinie de la mer, j'ai ployé sous une impression de détresse poignante à crier ! J'éprouve combien le cœur, comme les plantes des ruines, s'attache à sa détresse même. Voici qu'à cette heure grise du jour, où la voile se déplie et couvre de sa blancheur tout un pan du ciel, je sens comme un confus déchirement et qu'il se lève aussi pour moi, de cette terre en veuvage, la mélancolie des choses qu'on ne reverra plus. Et un autre sentiment obscur, cette religion frémissante qui nous courbe vers les lieux témoins des grands événements du passé, me retient sur le plat-bord du navire, les yeux tournés vers la tragique prisonnière des mers.

C'est ici l'île sacrée de la légende celtique, *Enez-Sûn*, l'île des

Audierne, mercredi.

Sept-Sommeils, mitoyenne entre la vie et la mort, bouche de l'Annwyn[26], soupirail de l'invisible sur le connu, principe et fin des deux ordres d'existence[27]. Ici parlait, au témoignage de Pomponius Mela, l'oracle le plus écouté de la Gaule, desservi par neuf vierges que les Gaulois nommaient Cènes : ils croyaient qu'elles pouvaient annoncer l'avenir et, par leurs incantations, soulever la mer et les vents, prendre mille forme animales, guérir les maux les plus rebelles[28]. Ici, selon Forcatulus, Merlin fut instruit par les fées. Au déclin du druidisme, quand les ermites et les moines eurent dispersé le collège des neuf vierges, cachées sous les roches vacillantes de Minconoc, elles vendirent pour vivre le beau temps aux marins. C'est sous ces flots, labourés par notre étrave, que s'étendait la ville d'Ys, si vaste et si peuplée, si belle aussi, que Paris, dans son impuissance à la surpasser, s'est voulu dire seulement son égale : *par-Is*. Autre Gomorrhe, elle défia la vengeance de Dieu et, un soir qu'Ahès et son rouge cavalier menaient sur les ciboires et les hosties profanés l'infernal branle des sept péchés capitaux, la mer s'enfla brusquement, rompit les digues et couvrit la ville : Ahès changée en Mari-Morgan, en fée traîtresse de l'abîme, rôde à fleur d'eau dans les courants du Raz, et qui vit une fois son buste levé, ses seins aigus, sa souple chevelure et la main qu'elle tend devant ses yeux pour fouiller l'horizon, ne rêva jamais plus d'une autre femme. C'est sur ce promontoire, veillé par l'œil vert de la morne Gorlébella, qu'au dire de Claudien, Ulysse trouva le terme de ses longues erreurs et, après de sanglantes libations, évoqua le peuple grelottant des Ombres. Et, comme au temps d'Ulysse, l'air est agité d'un sourd frémissement. Autour de ce promontoire, Procope raconte qu'il y avait plusieurs villages occupés par des pêcheurs, des laboureurs et des marchands. Quoique soumis aux Franks, ils ne leur payaient point tribut : ils prétendaient que c'était un privilège et comme la rançon de leur condition misérable, qui, seuls entre les vivants, les obligeait à vaquer au service des mânes. Dans le milieu de la nuit, une Voix les appelait du dehors : ils quittaient aussitôt leurs lits de goémons et couraient au rivage, en proie à une volonté supérieure. Là ils trouvaient des barques vides en apparence et qui pourtant ne s'élevaient pas d'un travers de doigt au-dessus de l'eau. Il leur fallait conduire ces barques jusqu'au pied d'une île placée sur la limite extrême de l'horizon ; ils ne voyaient personne, ni pendant le trajet, ni pendant le débarquement ; mais, arrivés à destination, ils entendaient la Voix qui, en remettant les mânes à leur nouveau gardien, les nommait par leurs noms… Maintenant encore, au lever du soir, il n'est pas rare qu'on aperçoive, dans les eaux de Sein, un bateau qui glisse silencieusement chargé d'êtres invisibles… Des replis de sa souterraine demeure, le sombre roi de l'Annwyn gouverne toujours l'île des Sept-Sommeils. C'est lui qui fait si profond le regard des femmes, ce regard magnétique et noir qui vous suit longuement par les rues et dont on ne secoue plus l'obsession : et qu'y aurait-il en vous, prunelles ténébreuses des Iliennes, sinon cette démence voluptueuse de l'Au-delà ? C'est lui qui glace le sourire sur les lèvres de l'étranger débarquant à Sein pour la première fois et qui donne à sa rêverie ce tour émouvant et funèbre. Tant de fantômes décolorés, qui furent des marins obscurs ou des héros imposants de légende, finissent par voiler de leur poussière le soleil des vivants. Mais ce crépuscule même a sa beauté et l'air naturel paraît fade à qui goûta une fois de cette cendre mortuaire…

Notes

1. À l'île d'Yeu, les indigènes s'appellent des Islais.

2. Cl. Boulain, Le Raz de Sein : « Un règlement local leur assigne comme largeur un peu plus que celle d'une barrique ordinaire. »

3. Il est à remarquer qu'aucun étranger n'a pu obtenir de concession de terre à Sein.

4. Le costume des hommes n'a rien de particulier : c'est le tricot et le béret, avec le ciré frotté d'huile de lin pour la mer. Au commencement du XIXe siècle, Cambry les voyait vêtus de culottes bouffantes et de l'antique bardocuculus. En 1852, Dauvin les peignait avec une calotte de laine brune ou bleue, une casaque de toile à capuchon (sagum), une veste de drap et des braies (galli bracati). Mais ce dernier portrait semble bien se ressentir du romantisme de l'auteur.

5. Les curieux, sur ce point, pourront se reporter à notre

livre, L'Ame bretonne, au chapitre : La Race, le costume, les mœurs.

6.   Chouerien ou crierien.

7.   Le bag-noz est un bateau qu'on aperçoit, au brun de nuit, se dirigeant vers l'île et chargé de lumières. « Il fait sur mer l'office du carrik ankou, du chariot des morts, sur terre. Il est commandé par le premier mort de l'année. Une dame X…, d'Audierne, perdit son mari du choléra le 1er janvier 1886 : cette dame n'a plus d'autre nom que an itron'n Ankou, la Femme du Trépas. » (Le Carguet, Tableau du Raz de Sein.)

8.   À la suite du dernier sinistre une dame de Bordeaux écrivit à Mathieu Porsmoguer pour lui faire part de son intention d'adopter une orpheline ou une enfant pauvre de l'île. On n'en trouva aucune.

9.   C'est le même cérémonmial en somme – moins la croix de cire – que dans le prohella ouessantais, si étrangement défiguré jusqu'à M. Cuillandre.

10.   Le tro ann anaoun a été supprimé et ne sera vraisemblablement plus rétabli. C'était, me dit-on, une occasion d'orgie pour les quêteurs et les sonneurs.

11.   Il recevait de la marine, avant la guerre, 215 francs par mois et le logement. Le département y ajoutait 100 francs. Une pharmacie est annexée à la salle des consultations.

12.   On montre près de là un pan de mur et un pignon ruiné, débris d'un antique ermitage où se réfugia, dit-on, à l'époque de la Ligue, un saint homme du continent qui ne s'accordait point avec sa femme. Hippolyte Violeau a tiré de cette tradition le sujet de son joli roman, Amice du Guermeur.

13.   J'ai retrouvé une coutume analogue à l'Ile-Grande. Le saint invoqué y est saint André, qui avait sa chapelle à l'Ile Canton (déformation d'Agathon). La chapelle ayant été démolie, la cérémonie se passe autour d'un calvaire. (Voir pour plus de détails L'Ame bretonne, 1re série, au chapitre Les Saints.)

14.   Vraie au temps où nous écrivions ces lignes, l'observation ne serait plus exacte et une meilleure compréhension de l'hagiographie et des intérêts du peuple breton a rendu tout leur crédit à nos vieux saints nationaux : Mgr Baudrillart et, plus récemment, M. l'abbé Barret (1922) n'étonnaient personne en

prononçant à Saint-Brieuc le panégyrique du saint patron de cette ville.

15. Il n'y a qu'un taureau dans l'île, qu'on appelle familièrement Coq Egen, le coq du troupeau. « Ce taureau, dit Adolphe Paban, dans les notes intéressantes qu'il a publiées sur l'île de Sein, est la propriété d'une femme qui, par le seul fait qu'elle le possède, est déconsidérée et tenue à l'écart. Cependant il faut que ce soit une femme qui ait la garde de l'animal. » D'après Adolphe Paban, les Iliens ne souffriraient pas que ce fût un homme, « car ils sont persuadés que dans ce cas les vaches resteraient stériles ».

16. L'île n'a qu'une fontaine, d'eau saumâtre, et un puits récemment creusé dans le Len et qui ne vaut guère mieux ; encore tarissent-ils en été. Jusqu'à l'établissement de la grande citerne publique, il fallait souvent faire venir l'eau du continent.

17. La faune sauvage n'est guère mieux partagée : quelques oiseaux de mer, des passereaux et des lézards gris. Une remarque curieuse est qu'on n'y voit pas une couleuvre. Le P. Maunoir constatait le fait dès le commencement du XVIe siècle : « Après qu'on a franchi le cap Sizun, se voit une isle nommée l'isle de Sein, où ne se trouve aucune beste vénimeuse et où aucun serpent ne peut subsister. »

18. Un autre raz de marée couvrit l'île sous Louis-Philippe. Tous les hommes étaient à la mer. Les femmes et les enfants, réfugiés dans le clocher de l'église et sur les toits environnants, croyaient leur dernière heure venue et reçurent l'absolution du curé.

19. Les Paimpolais et autres pêcheurs étrangers paient 50 centimes en sus par 50 kilos.

20. Nous rappelons, encore une fois, que ceci était écrit avant la guerre. On pouvait évaluer alors à 400.000 francs le rapport annuel de la pêche à Sein. Dans ce chiffre n'entraient pas que les langoustes et les turbots. L'appoint était fourni par les homards, tourteaux, aiguillettes, congres, etc. Il y avait autrefois à l'île des sécheries de poissons en plein air, dont le principal était expédié à Bordeaux et en Catalogne. Le commerce de la marée fraîche, autrement rémunérateur, ne date réellement que de l'établissement des lignes de l'Ouest et d'Orléans.

Notes

21. C'est ce qui a déterminé l'établissement au Conquet de plusieurs familles paimpolaises (les Goaster, Riou, Menguy, Groven, Gendrot, etc.), qui continuent à venir à Sein de juin à octobre. Quelques Camaretais viennent aussi à l'île pendant les mortes eaux, mais sans leurs familles, et couchent et mangent à bord. L'hiver, on ne voit que des Douarnenistes. La pêche à la sardine est close et c'est le moment de remplacer la seine à petites mailles par le filet traînant pour turbots et langoustes.

22. On les vend aux usines du littoral. Les cendres des goémons, très riches en alcaloïdes, sont également l'objet d'un certain commerce : le plein panier se vendait de 10 à 15 centimes.

23. Il faudrait même dire qu'il naît marin. Sauvé (Revue celtique, t. 5) rapporte que le jeu enfantin du cavalier, usité dans toute la France et qui consiste à faire sauter un enfant sur les genoux en simulant l'amble, est remplacé à l'île de Sein par le « jeu du rameur ». L'enfant ne saute plus : il est balancé comme dans un bateau.

24. Elles servent aussi d'infirmières et sont très aimées de la population, l'une d'elles surtout, sœur Marie-Isabelle, qui est depuis trente ans à l'île, qui a « fait » toutes les épidémies et qu'on s'attendait à voir proposée pour la médaille lors du voyage présidentiel.

25. Presque tous ces travaux ont été exécutés par l'administration depuis que ces lignes furent écrites.

26. Nom de l'Enfer chez les premiers Celtes.

27. Ibi deus alfa et omega, id est principium atque finem, collocavit mirifice (Jurisconsulte Bohic).

28. Ce témoignage de Mela serait, d'ailleurs, tout à fait isolé et n'aurait, d'après une communication de M. Salomon Reinach à l'Académie des Inscriptions et Belles-Lettres (séance du 15 janvier 1897), aucune valeur historique. « La pointe de la côte bretonne opposée à Sein, dit en substance M. Reinach, passait à l'époque romaine pour l'endroit où Ulysse avait évoqué les ombres des morts. Or, dans l'Odyssée, l'île opposée à l'ouverture des enfers, dans le pays des Cimmériens, est celle de Circé. Les anciens ont donc simplement identifié l'île de Sein à l'île de Circé. »

ISBN : 978-3-96787-298-9

Milton Keynes UK
Ingram Content Group UK Ltd.
UKHW041820130224
437765UK00005B/335